脱贫攻坚乡村振兴系列读本

TESE NONGYE GUANLI JISHU SHOUCE

特色农业管理技术手册

主　编　陈伟星

西北大学出版社

《脱贫攻坚乡村振兴系列读本》
编委会

主　任　王亚杰　郭立宏
副主任　常　江　张增芳
成　员（按姓氏笔画为序）

马　来　马朝琦　牛　镭　田兵权　田明纲
纪　勇　申烨华　叶培哲　李　军（研工部）
任君瑞　李志博　吕建荣　李剑利　李振海
刘景钱　张远军　陈伟星　杨晓云　张莉玲
英卫峰　贺小伟　胡长才　高字民　徐　晓
崔延力　曹　炜　寇　嘉　董国强

《脱贫攻坚乡村振兴系列读本》
出版说明

习近平总书记指出：扶贫开发是全党全社会的共同责任，要动员和凝聚全社会力量广泛参与脱贫攻坚。按照陕西省扶贫工作统一部署，西北大学坚持"精准对接、精准施策"原则，充分运用自身科教优势，全力帮扶贫困地区，特别是创新探索社区学院教育扶贫模式，大力实施扶贫培训工作，帮助贫困群众掌握一技之长，促进贫困地区产业发展，实现长效扶贫、稳定脱贫的帮扶效果。

在一个时期的扶贫培训工作中，我们发现还存在着培训方向不精准、培训课程不系统、培训手段不完备、培训效果不扎实等问题，为此，我们基于扶贫工作实践，调动校内资源，编撰《脱贫攻坚乡村振兴系列读本》（以下简称《读本》），以期推进扶贫培训工作系统化、标准化建设，增强扶贫培训的针对性和实效性。本编撰工作得到了陕西省扶贫开发办公室、陕西省委教育工委的大力支持。学校党委和行政也高度重视，为《读本》出版创造了良好条件。

在新中国成立 70 周年之际，我们陆续推出这套《读本》，既是对共和国生日的献礼,也是对西北大学立足中国大地办人民满意大学,积极发挥社会服务功能,助力脱贫攻坚事业的生动诠释。

西北大学扶贫工作办公室
2019 年 10 月 1 日

前　言

习近平总书记强调，"发展产业是实现脱贫的根本之策。要因地制宜，把培养产业作为推动脱贫攻坚的根本出路"。培养发展区域特色产业是促脱贫、防返贫、稳脱贫的长久之计，也是实施乡村振兴战略的首要任务。

目前，产业发展中的核心短板就是缺少一支懂技术、会管理、善经营的生产者、管理者队伍；生产技术相对落后，需要通过技术培训、生产指导，把科学先进的实用技术带给农业生产者，在"做给你看，带着你干"中持力推进提高，这是驻村扶贫工作重要内容之一。我们在实际工作中发现，技术培训缺乏系统性、实用性、科学性，培训内容零碎、较为陈旧，使受训者不易记住，用时又无处可查、无处咨询。因此，编写一本技术指导书尤显紧迫而重要。笔者结合20多年实践经验，搜索整理出这本书，供农业生产者备学、备查、备用，愿为区域特色农业生产健康持续发展、农业增收、农民增效做点实事，别无他图。

这本书以陕南区域特色产业为对象，重点围绕核桃、樱桃、药材和中蜂等产业，以土壤改良为核心，普及土肥水管理技术；

以微生物为重心，引导推进生物技术应用。力争体现基础性、实用性、可操作性，让农民找得到、看得懂、学得会、用得上。

在这本书的编写过程中，郭登泰、王志龙和鲁梅等同志提供了相关资料，笔者从网络上搜集了部分资料，也引用了杨凌老年科技工作者协会黎九洲的一些研究成果，在此一并致谢！借此展现农业科技工作者的为农情怀，实现使技术得推广、农民得实惠的爱农为农的共同夙愿。

目　录

第一章　土壤问题

第一节　土壤存在的问题……………………………………… 2
第二节　土壤肥力……………………………………………… 4
第三节　土壤存在问题的具体表现…………………………… 5
第四节　健康的土壤…………………………………………… 11

第二章　植物生长元素

第一节　植物生长所需的条件………………………………… 15
第二节　植物生长发育所必需的营养元素…………………… 16
第三节　植物对元素养分吸收规律…………………………… 18

第三章　果树的需肥特点及施肥技术

第一节　果树一生中需肥特点及施肥目的…………………… 21
第二节　常用的施肥方法……………………………………… 23
第三节　植物必要营养元素作用与缺少症状诊断…………… 25
第四节　秋季果树施肥………………………………………… 32
第五节　秋季施肥技术要点…………………………………… 35
第六节　防挖果树再植症……………………………………… 37

I

第四章　土壤微生物与微生物技术应用

第一节　沙漠可以变良田 …… 39
第二节　土壤有机质普遍减少的原因 …… 40
第三节　微生物与农作物的关系 …… 43
第四节　解磷解钾菌 …… 45
第五节　微生物的作用 …… 47
第六节　菌肥中微生物的功效 …… 50
第七节　应用微生物发酵自制生物有机肥 …… 53

第五章　土壤危害改良

第一节　土壤板结改良 …… 56
第二节　土壤板结的危害 …… 57
第三节　纳米土壤修复技术 …… 58
第四节　腐殖酸土壤修复技术 …… 62
第五节　微生物土壤修复技术 …… 64

第六章　花椒管理技术

第一节　整形栽植与病害防控 …… 68
第二节　花椒树结果大小年调整 …… 69
第三节　花椒修剪技术 …… 71

第七章　核桃管理技术

第一节　核桃园冬季管理（12月至翌年2月）…… 76
第二节　核桃园春季管理（3—5月）…… 88
第三节　核桃园夏季管理（6—8月）…… 100

第四节　核桃园秋季管理（9—11月） …………… 110

第五节　核桃低温霜冻的防控 …………………………… 115

第六节　核桃新品种——美国红仁核桃 ……………… 116

第八章　大樱桃管理技术

第一节　樱桃肥水管理 …………………………………… 120

第二节　大樱桃园春季管理 ……………………………… 122

第三节　大樱桃采果后管理 ……………………………… 124

第四节　大樱桃园冬季管理 ……………………………… 126

第九章　菊芋种植管理技术

第一节　认识菊芋 ………………………………………… 129

第二节　播种技术要点 …………………………………… 131

第三节　田间管理 ………………………………………… 131

第四节　收获与储藏 ……………………………………… 133

第十章　中蜂养殖四季管理技术

第一节　春季管理 ………………………………………… 134

第二节　流蜜期的管理 …………………………………… 140

第三节　夏季管理 ………………………………………… 146

第四节　秋季管理 ………………………………………… 149

第五节　冬季管理 ………………………………………… 152

第一章 土壤问题

民以食为天,这句话不为过吧!

自神农尝遍百草之后,我们便安全地进入了粮食耕作时代,无论是打猎还是种小麦水稻,我们总在这个黑红黄土壤并存的大地上繁衍生息,一代又一代地更迭着。我们的土地也经历了一代又一代的轮番耕作,仿佛这里的地力取之不尽、用之不竭,无须担忧种下的是什么,因为我们的祖先告诉我们,"种瓜得瓜,种豆得豆"。

农业生产中存在诸多问题,有些是显现的、被人们熟知认识的,有些是不被人们所见、熟知而忽视的,正是由于这些问题的存在,才导致消费者普遍感觉到"菜不香""瓜不甜""没有味道了",生产者也困惑于农业没法搞、产量低、产量不稳、投入大、效益差,直接感悟就是"土地越吃越馋了,肥料越用越假了",自然灾害越来越多,无法保证收成,往往是丰产不丰收。因此,导致从事农业的生产者愈来愈少,他们放弃土地,外出务工。

第一节　土壤存在的问题

可是现在，忽然之间，我们的土壤就出问题了。我们的土壤突然就变得贫瘠且重金属含量超标、土壤板结、污染严重了。

回想过去，其实土壤出问题不是没有原因的。归纳起来，土壤的问题主要在于不合理的种植结构、不合理的施肥方式，以及不合理的保护方法。欧洲曾经有过一个跨度长达100年的试验，测的不是别的，就是这100年内土壤施用不同种类化肥的生产状况。在试验的头几年，使用氮磷钾的土地作物产量明显高于施用厩肥的土地。慢慢地，几年之后这一状况逐渐发生了改变，两块试验田的产量逐渐趋于相等。再经过了十几年的等量生长之后，施用厩肥的这一块试验田开始发力，产量逐渐超过了氮磷钾的施用地。

那么这说明了什么呢？

NPK（氮、磷、钾复合性肥料）的组合不适合我们的土地了吗？其实不然。任何事情都要分时间和条件去判断。在条件简陋的发展初期，我们很难去说什么是对什么是错，因为"不管黑猫白猫，抓住老鼠就是好猫"嘛，所以我们的肥料发展也逐渐走向了行业"托拉斯"，不仅垄断，而且质量低、价格高、效果一般。与国外比起来真的不能不说是天壤之别。但是我们要吃饭。粮食安全问题一直是摆在我们面前的一道红线，所以我们也就不得不向土地要更多，向氮磷钾要更多。伴随而来的，便是大面积的土地氮磷钾含量过剩而作物却并没有吸收多少，因为我们的肥料技术不过关，养分是施到地里了，可是全被土壤渗漏了，作物吸收的寥寥无几。

今天，在化肥"零增长"政策提出之后，人们开始重新审视土壤的地位与作用了。不得不说，其实这也是一种悲哀，一种不挨鞭子就不知道进步的悲哀。我们开始审视生物有机肥，开始探索再造能源，开始重新研究氮磷钾的区域特性配比，开始寻求减产增效的新途径。

在我国，化肥的用量越来越大，施用化肥的作物种类越来越多，化肥对提高作物产量的作用得到了公认。同时，又有人担心，施用化肥会不会破坏土壤、降低土壤肥力。最典型的一种说法是："土地施化肥，好比抽大烟（鸦片）"，有人甚至说好比吸海洛因。这种说法公开刊登的不多，但认为施用化肥破坏土壤的论点经常可以从书刊中看到。这些人给施用化肥描绘了一幅可怕的图画：土地只要施了化肥，就离不开化肥，越施越多，最后毁了土地。事实是这样吗？人们生产和施用化肥已经有 160 年的历史（不包括施用天然的矿质肥料），国外的有识之士几乎在开始生产和施用化肥的同时，就布置了肥料的长期试验，其中一个很重要的内容就是比较施用有机肥和化肥对作物产量和土壤肥力的影响。

实践证明，合理施用化肥，既提高了作物的产量和品质，又提高了土壤肥力。把施化肥比作抽大烟是完全不正确的，其根本原因是对化肥的错误认识。化肥对土壤、对植物都是无毒的，它是植物的"粮食"，是植物必需的养分，施用化肥可以补充土壤中某些养分的不足。化肥不是耗竭土壤养分的"兴奋剂"，更不是毒品。其实，一切都还没有到不可挽回的地步。

那么面对土壤的层层问题，究竟要怎样剖析，又要怎样解决呢？"零增长"只是提出了一个概念，更多的我想应当是基于传统肥料上的改革，思想上的转变，以及对生活、对农业的态度，对一个可持续种植的土地的期盼吧。

第二节　土壤肥力

民以食为天，食以土为本。在讨论化肥对土壤肥力的影响之前，我们必须明确，何谓土壤肥力。关于这方面的论述是很多的，大致可归纳为几点：

肥力是土壤的基本属性，正是因为有了肥力，土壤上才能生长植物，土壤才得以区别于没有肥力的成土母质。肥力在一定的气候条件下，决定植物的生命活动和农作物的产量和质量。具有肥力的土壤是农业生产的基本生产资料。

肥力的概念有狭义和广义之分。狭义的肥力概念是指土壤供给植物所必需养分和水分的能力，以及与养分、水分供给能力有关的各种土壤性质和状态。这一概念以养分为中心，如养分的含量、存在形态、对植物的有效性，以及影响养分供给的因素等。而广义的肥力概念是把养分、水分、土壤中的空气和热量（温度）等诸多因素一并考虑在内，是在综合观点的基础上认识土壤肥力的概念，内容广泛，几乎涉及土壤学的各个分支领域。

土壤肥力的形成受母质、气候、植被、成土年龄等自然因素的影响。在开垦以后，又受人为措施的影响。所以，农田土壤肥力的高低，是自然和人为两方面综合影响的结果。根据全国第二次土壤普查的资料，我国耕地土壤中，低肥力土壤占一半左右。因此，施用化肥对土壤肥力的影响也必然引起人们的关注。

我国和欧洲的土壤状况

地区	棕壤	褐土	黑钙土
中国	≈1.5%	≈1%	≈3%
欧洲	>3%	>2%	≈8%

第三节　土壤存在问题的具体表现

土地存在的问题，究其表现形式，大致可以归纳为以下七种类别："瘦""馋""板""酸""咸""脏""杂"，那么下面我们就部分类别分析原因，并找出解决办法。

一、土壤"瘦"

土地"瘦"的表现形式有多种，主要集中于"土壤有机质含量下降"和"土壤有机质品质老化"两个方面。当土壤有机质活性下降时，有机肥中有机质的更新速度会放缓，那么有机肥的作用也就会减弱。一般在旱田果园中的土壤有机质含量适宜值是1.8%～2.4%，果园为1.5%～2.8%，而水田土壤则为2.0%～3.0%。

而同期纵向比较来看的话，我国与欧洲同类土壤有机质含量比较则有着较大的差距。因此，科学施用有机肥才是提升土壤有机质含量、改善有机质活性的主要措施。国外肥料长期试验的时间更长，试验数也更多。根据有关资料报道，延续了50年以上的试验就有30～40个，大部分分布在欧洲，其中首推英国洛桑试验站开始于1843

年的肥料试验，该实验一直延续至今，已经有 150 多年的历史。

　　布置这些试验费时、费工，但意义重大。其主要目的就是研究不同营养元素对植物的相对重要性，以及保持土壤肥力必须补充的营养元素；研究施肥的增产效果，比较厩肥与化学肥料的作用，以及可否用化学肥料代替厩肥，或者更具体地说，是比较厩肥与化学肥料的肥效和对土壤肥力的影响。通过如此长期的试验，已经完全证实，施用化肥对作物产量和品质具有和有机肥同样的作用。这些试验在确定欧洲农业的格局（如在有机肥基础上大量施用化肥）方面发挥了重要作用。应当说这些试验作为验证作物产量和土壤肥力变化方面的使命已经完成，虽然其中还有不少信息有待进一步开发。而继续进行这些试验的目的已经逐步向环境和生态学方面转移。100 多年来施肥，尤其是施用化肥对产量的影响又是怎样的呢？例如英国洛桑试验站 1843 年布置的 Broadbalk 小麦连作试验，其中 127 年（1852—1978）的小麦产量经整理后列于下表。

1852—1978 年 Boroadbalk 连作小麦肥料实验产量（每 10 年平均）

（×10³ 千克/公顷）

肥料处理	1852 1861	1862 1871	1872 1881	1882 1891	1892 1901	1902 1911	1912 1921	1922 1925	1926 1934	1935 1944	1945 1954	1955 1964	1965 1967	1969 1978	平均
	小麦连作							过渡		每 5 年休耕 1 年					
无肥	1.12	1.03	0.72	0.86	0.89	0.8	0.66	0.39	1.02	1.3	1.36	1.58	1.63	1.8	1.08
厩肥	2.41	2.67	2.05	2.66	2.85	2.62	2.1	1.64	2.06	2.61	2.96	2.97	3.39	5.5	2.75
N3PK	2.52	2.92	2.23	2.71	2.79	2.76	2.07	1.62	2.18	2.61	2.85	2.85	3.34	5	2.75

注：①厩肥 35×10³ 千克/公顷，NPK 为 N114 千克/公顷、P35 千克/公顷、K90 千克/公顷。

②1852—1967 年产量资料引自 H. V. Gamer 和 G. V. Dyke（1968），1969—1978 年产量引自 Rothamsted Guide Book（1981）。

从表看出，在试验的前 40 年，施用化肥（N3PK）的产量高于厩肥，此后两者的产量互有高低。大约经历了 80 年后，施厩肥的小麦产量稍高于施化肥的产量。而 127 年的平均产量两者完全相同，这不是偶然的巧合。有机肥与化肥比较的长期试验，按其中所含的养分计算，一般有两种情况，一种是两者所含的氮、磷、钾养分大致是相等的；另一种是不相等的。英国洛桑试验站的小麦连作试验的厩肥中含有的养分高于化肥。但在试验前期厩肥中的养分能被作物吸收利用的比例较低，所以产量还是低于化肥。几十年后由于底肥的逐步分解和后效的积累，其增产效果超过了化肥。同时，厩肥中含有的中、微量营养元素也可能产生了一定的作用。而有机肥中的有机物质对土壤理化、生物性状的改善也是不可忽视的。这一点在后面还要讨论。在一些有机肥和化肥施用养分被设计成相等的长期试验，如设在日本鸿巢（Konosu）中央农业试验站的水稻试验，丹麦 Askov 试验站的谷物、块根和牧草轮作试验，奥地利维也纳农业大学试验场的大麦、黑麦试验，都一致证实，施用化肥的产量略高于有机肥，或与有机肥基本一致。例如日本中央农业试验站 50 年（1926—1975）的水稻平均产量；对照（无肥）是 2022 千克/公顷（100%），NPK 化肥是 3367 千克/公顷（167%），有机肥是 3400 千克/公顷（168%），绿肥（紫云英）是 3340 千克/公顷（165%）。三个施肥处理的水稻产量基本是一致的。

在丹麦 Askov 试验站从 1894 年开始的一个肥料长期试验中，不仅测定了不同施肥处理的作物产量变化，还于 1964 年、1968 年、1971

年测定了小麦、大麦籽粒中的17种氨基酸含量。结果证实，连续施有机肥（厩肥）或氮磷钾化肥，70多年后，小麦、大麦籽粒中不同种类氨基酸含量和总氨基酸含量都没有显著差异。这从另一个方面证实，施用有机肥或化肥，对麦类作物籽粒食用品质也没有不同的影响。

二、土壤"馋"

但是在生产实践中，农民还是常常感觉到给土地"喂"化肥，地越吃越馋。在原来的化肥用量基础上要达到相同的效果，就要施用更多的化肥。一些农业科技人员也感到，现在施用化肥的肥效下降了。原来用1千克尿素，可增产4~5千克粮食，现在只能增产2~3千克粮食。这又作何解释？这可能主要有两个原因：第一，近年国内化肥用量增加很快，尤其是氮肥，磷、钾肥未能相应跟上，化肥施用中偏重氮肥而忽视了磷、钾肥的情况相当普遍。也就是说，施肥中的氮、磷、钾养分不平衡。由于磷、钾养分供应的不足，影响了氮肥肥效的发挥。第二，在当前、当地的生产条件下，化肥是有一个适宜用量的，并不是越多越好。大家知道，在相对固定的条件下，化肥用量与作物产量并非呈直线关系，而是抛物线的关系，即肥料用量超过了一定限度，每增加一个单位的化肥用量，所增加的产量呈下降的趋势，这就是施肥上的报酬递减现象。如果用量继续增加，还可能引起减产和一些其他负效应。据统计，粮食作物要达到 $(5.25\sim6.0)\times10^3$ 千克/公顷的水平，在磷、钾养分供应充足的情况下，只要施150~180千克/公顷的氮肥就够了，超过这一用量，氮肥的效果会明显下降。当然，除了以上两点，还可能与作物品种等因素有关。有的高产品种是"大肚汉",很能吃,需肥多,但是对肥料的利用并不经济。

三、土壤"板"

土壤之所以会硬,是因为土壤板结之后,土壤团粒结构数量减少,结构被破坏掉,于是土壤在肥料施用之后会产生板结,通气透水性都会减弱。

存在的问题主要是这些土地缺少大马力拖拉机和配套的深松机具,不能进行深松和深翻整地,造成耕作层变浅,农田土壤耕层明显存在"浅、实、少"的问题。针对此种状况,只有科学的耕作和合理的施肥才能延缓土壤板结的速度。同时,造成土壤板结的三大主力肥种有:

氮肥:增加土壤微生物消耗土壤有机质中的氮素,使土壤有机质含量下降,影响微生物的活性及土壤团粒结构的形成,导致土壤板结。

磷肥:土壤中的阳离子以二价的钙、镁离子为主,过量施入磷肥时,磷肥中的磷酸根离子与土壤中的钙、镁等阳离子结合形成难溶性磷酸盐,既浪费磷肥,又破坏了土壤团粒结构,使土壤板结。

钾肥:过量施入时,钾肥中的钾离子置换性特别强,能将形成土壤团粒结构的多价阳离子置换出来,而一价钾离子不具有键桥作用,土壤团粒结构的键桥被破坏了,也就破坏了团粒结构,致使土壤板结。

0~40厘米土壤土层容重增加

省份	5~10厘米（克/立方厘米）	犁底层（克/立方厘米）	25~30厘米（克/立方厘米）	35~40厘米（克/立方厘米）
吉林	1.48	1.56	1.56	1.58
辽宁	1.56	1.58	1.59	1.57
黑龙江	1.22	1.35	1.31	1.33
平均	1.42	1.50	1.49	1.49

化肥使用量的逐年上升、化肥利用率的逐年下降、施肥成本的逐年加大，都会使地力递减并威胁环境。当含钙、镁、磷多的肥料施用之后，土壤的酸性会逐步增重，这同样会加重土壤的板结，同时，土壤酸化会滋生真菌，根际病害，会导致土壤结构的破坏，同样会导致土壤板结问题的出现，同时影响着营养元素的有效吸收。当土壤有机质含量下降、化肥品种单一、作物连作、盐基离子淋失的问题同时显现的时候，土壤的问题就真的很严重了。

针对这些，科学施肥并且适当土壤改良可以抑制进一步酸化。而科学的测土配方则是实现"减肥增产"的有限途径。

四、土壤"脏"与"杂"

土壤的"脏"与"杂"其实可以归纳在一起。的确，我们近些年开始提倡的生物有机肥对土壤的修复和作物的生长有很大的帮助，但是不可否认的是，我们的微生物种类繁多，质量却不怎么样，家禽类粪便的重金属含量超标更是常事儿，同时含抗生素、化学农药、农用残膜、放射性元素的营养物质等，都是污染农作物生长和农产品品质的污染源。

而谈及"杂"这个字眼的话，笔者认为优势微生物种群失调、有害病原菌数量增加是"功劳大大的"。的确，微生物的优势在于缓冲性能强、增加土壤抗性、加速物质转化、促进养分循环、扩充环境容量从而达到土壤健康的目的。但是当前来看，这一条件并不成熟。我国微生物领域针对肥料的图谱测序并未完成，而是仅仅针对某种或某几种菌类的组合完成了实验室测试（消息来源于华中农业大学一位研究微生物领域的高级工程师）。因此我们有理由相信在没有掌握真正微生物领域的奥秘之前，乱序、杂序都只会使这个领域更加混乱。

当然，我们把这些问题列出并作简单的描述，都是为了能够为土壤问题找到一个更好的出路。在实际生活中，包括秸秆的二次利用、有机肥堆肥的探索，以及腐殖质、植物营养和土壤恢复与再造技术。

第四节　健康的土壤

健康的土壤到底应该是什么样子呢？

我们可以将土壤看作类生命体，土壤结构相当于人的骨架，土壤中的有机质和水分相当于人体的血液，而微生物就相当于人体的肾脏。

一、良好的土壤结构

土壤是固相、液相、气相的组合。"固相"主要指土壤中各种岩石碎屑、矿物颗粒，以及动、植物和微生物的残体；"液相"主要指土壤溶液或土壤水;"气相"指土壤空气或土壤中未被水占据的空隙部分。理想的土壤中,固体占50%,空气和水分各占25%。土壤固体部分约含有38%的矿物质和12%的有机质。

二、有机质是土壤活力的核心

土壤有机质是土壤固相部分的重要组成成分,尽管土壤有机质的含量只占土壤总量的很小一部分,但它对土壤肥力、土壤耕性影响很大。资料显示,在一定范围内,有机质的含量与土壤肥力水平呈正相关。

土壤有机质的含量在不同土壤中差异较大,含量高的可达20%或30%以上,含量低的不足1%。而适合蔬菜栽培的土壤有机质应保持在20%以上。寿光市土壤肥料测试与研究中心提供的数据显示,有机质含量在20克/千克以上的大棚土壤往往表现出透水透气性好、供肥能力强、不容易出现板结及盐渍化的情况。而大多数的大棚土壤普遍达不到20克/千克这个标准,在这样的土壤中种植蔬菜,如果持续大量施肥就会有发生盐渍化的风险。

提高土壤有机质,通常采取的办法就是加大粪肥的投入,如鲜鸡粪、猪粪、鸭粪及稻壳粪、秸秆等。近几年市场上出现了较多的商品有机肥,这些以动物粪便、城市垃圾、枯枝落叶等为原料进行发酵腐熟、加工制作后的有机肥也是提高大棚土壤有机质的来源。

总之,土壤有机质就是润滑剂,有机质含量高的土壤,热量、水分、气体及各种营养代谢协调快速,对蔬菜生长十分有利。

三、土壤酸碱度

土壤酸碱度影响着土壤的供肥能力和蔬菜的健康生长。多数的蔬菜喜欢中性土壤，即 pH 值在 6.5~7.5 之间。资料显示，土壤中的各种矿质营养在酸碱度为中性时有效性最高，土壤偏酸或偏碱都会影响一部分元素，尤其是微量元素的吸收。

在酸性土壤中，土壤中的磷酸易与铁、铝离子结合成不溶物而被固定，影响蔬菜对磷的吸收；钾、钙等元素易被过多的氢离子取代而淋失掉；铜、锌、锰、硼等微量元素溶解增大，如果再增施微肥，有可能使蔬菜受害。而在碱性土壤中，水溶性磷酸根又易与钙结合成难溶的磷酸钙，降低肥效，还固定铁锌等微量元素，使蔬菜发生缺铁症。

土壤 pH 值为 6~8 时，有效氮含量较高；pH 值为 6.5 左右时，磷的有效性最高；pH 值大于 6 时，土壤钾、钙、镁含量高；pH 值为 4.7~6.7 时，硼的有效性高；pH 值大于 7 时，硼的可溶性明显降低。

四、土壤微生物

土壤中微生物的种类较多，有细菌、真菌、放线菌、藻类和原生动物等。数量也很大，1 克土壤中就有几亿到几百亿个。大部分土壤微生物对作物生长发育是有益的，它们对土壤的形成发育、物质循环和肥力演变等均有重大影响，当然也有一些不被人喜欢的致病微生物。

那么微生物在土壤中究竟有哪些作用呢？

首先，土壤微生物可以形成土壤结构。土壤并不是单纯的土壤颗粒和化肥的简单结合，作为土壤的活跃组分，土壤微生物在自己的生活过程中，通过代谢活动的氧气和二氧化碳的交换，以及分泌的有机酸等，有助于土壤粒子形成大的团粒结构，最终形成真正意义上的土壤。

其次，土壤微生物最显著的成效就是分解有机质，比如施入土壤中的有机肥料等，只有经过土壤微生物的作用，才能腐烂分解，释放出营养元素，供作物利用，并形成腐殖质，改善土壤的结构和耕性。

再次，土壤微生物还可以分解矿物质，土壤微生物的代谢产物能促进土壤中难溶性物质的溶解。例如磷细菌能分解出磷矿石中的磷，钾细菌能分解出钾矿石中的钾，以利作物吸收利用，提高土壤肥力。另外，尿素的分解利用也离不开土壤微生物。这些土壤微生物就好比土壤中的肥料加工厂，将土壤中的矿质肥料加工成作物可以吸收利用的形态。

另外，土壤微生物还有固氮作用，氮气占空气组成的4/5，但植物不能直接利用，某些微生物可借助其固氮作用将空气中的氮气转化为植物能够利用的固定态氮化物。有了这样的土壤微生物，就相当于土壤有了自己的氮肥生产车间。

微生物还可以降解土壤中残留的有机农药、城市污物和工厂废弃物等，把它们分解成低害甚至无害的物质，降低残毒危害。

第二章 植物生长元素

第一节 植物生长所需的条件

植物生长所需的条件

水分是植物吸收养分的媒介，因为养分是随水被根系吸收利用的。缺水，植物就不能进行正常的营养过程。水分影响矿质养分的溶解，影响有机养分的转化，从而影响有效养分的数量。水是土壤中最活跃易变、影响面最宽、作用度最深的一个因素。

土壤气体与大气一样，氮气占绝对优势，氧气次之，其他成分仅占极小的比例。灌水时，土壤中的气体进入大气；排水时，大气中的气体进入土壤。土壤中的氧气含量大于15%时，根长色浅，毛细根丰富，吸收力强；土壤中氧气含量小于10%时，根系发育受阻，根短色暗；当土壤中氧气含量小于5%时，根系停止生长，且容易腐烂。

土温的变化规律是：表土白天吸热，夜晚散热。土表的最高温度出现在下午1—2时，最低温度出现在早晨太阳出来之前，大致是6—8时。表土覆盖一方面能够减少太阳的热辐射能，使土温不易提高；另一方面可阻止土壤辐射，减少热量损失，使土温不易降低。所以，覆盖的综合效果是使土温变幅减小。若土壤中水多气少，土温不易升降而趋于稳定，变幅小；若土壤水少气多，土温易急剧升降，不稳定，变幅大。这两种情况都不好，应当用控制水气比例的办法将土温调节在一个恰当的范围内。根系生长在土壤中，对土温要求较高。一般在10℃~30℃范围内，随着温度的提高，根系生长加快，吸收能力增强；2℃~10℃时，随着温度的提高，根系生长缓慢加快，吸收能力略有增强；小于2℃时，根系停止生长，无吸收能力；大于30℃时，根系生长过旺，根系易老化。土温高，毛管水的运动速度加快，土壤供水力提高；水分蒸发加快，土壤透气性增强，土体内氧气含量提高；微生物活性提高，有机质分解加快，有效养分增多。

第二节 植物生长发育所必需的营养元素

植物生长发育所必需的营养元素主要有碳（C）、氢（H）、氧（O）、氮（N）、磷（P）、钾（K）、钙（Ca）、镁（Mg）、硫（S）、铁

(Fe)、锰(Mn)、硼(B)、锌(Zn)、铜(Cu)、钼(Mo)、氯(Cl)、镍(Ni)17种,其中碳、氢、氧因为获得比较容易,一般不纳入补充范围;氮、磷、钾需求量最大,成为大量元素;硅、钙、镁、硫需求量适中,称为中量元素;铁、锰、硼、锌、铜、钼、氯、镍需要量少,称为微量元素。镍是最近被确认的必需元素。关于钛肥,也有很多文献报道,对于作物健康生长、提高产量、改善品质也有一些促进作用。

这些元素被称为植物生长发育所需的必要元素,是因为缺少了其中任何一种,植物的生长发育就不会正常,而且每一种元素不能互相取代,也不能由化学性质非常相近的元素代替。这就体现出了元素的直接性、专一性和必要性。

在这些元素中,碳、氢、氧来自大气和水,其余元素均靠植物根系从土壤中吸收。每种元素的化合物形态很多,但根系只能吸收其自身可以利用的化合物形态,例如,对于氮元素来说,大多数植物只能吸收铵态氮和硝态氮,又如磷元素,植物主要利用的形态是

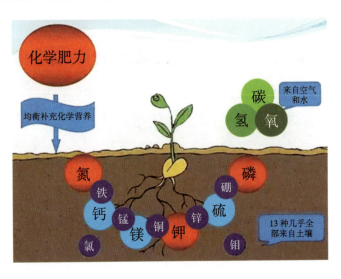

正磷酸盐（H_3PO_4）。因此了解植物对元素的吸收形态非常重要。

植物所需的必要元素的分类：

大量元素：含量 > 0.1%，碳、氢、氧、氮、磷、钾。

中量元素：0.01% < 含量 < 0.1%，硅、钙、镁、硫。

微量元素：含量 < 0.01%，铁、锌、锰、硼、铜、钼、氯。

第三节　植物对元素养分吸收规律

一、最小养分律——木桶效应

最小养分律是德国化学家、现代农业化学的倡导者李比希（J. V. Liebig）提出的。

最小养分是随时间、地点和作物生长期而变化的。

最小养分律对科学合理施肥的指导意义：作物对养分的需求不

是平均的，不是含量最高的养分影响产量，而是含量相对最小的养分制约着作物的产量。

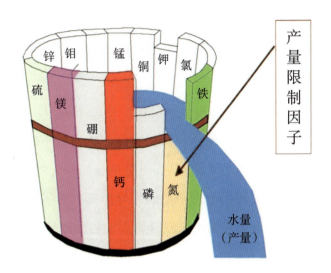

二、报酬递减律

从一定土地上所得到的报酬随着向该土地投入的劳动和资本量

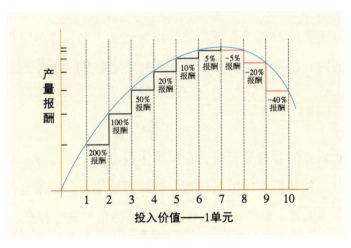

报酬递减律图示说明

的增大而有所增加，但随着投入的增加，单位劳动和资本所获取的报酬却在减少。

报酬递减律对科学合理施肥的指导意义：肥料不是施越多越好，肥料施多了不仅成本高，还可能产生肥害，影响产量或绝收。

三、养分归还学说

由于人们在土地上种植作物并把这些产物连续不断地拿走，这就必然会使土壤肥力逐渐下降，从而土壤所含的养分将会越来越少。

养分归还学说对科学合理施肥的指导意义：为了获得连续的丰产稳产，必须及时补充作物生长发育所需的各种养分。

四、同等重要律

对农作物来讲，不论大量元素或微量元素，都是同样重要、缺一不可的，如果缺少某一种微量元素，尽管它的需要量很少，仍会影响某种生理功能而导致减产。

同等重要律对科学合理施肥的指导意义：各种养分对作物都是同等重要的，微量元素、稀有元素和大量元素是同等重要的。

五、不可替代律

作物需要的各营养元素，在作物体内都有一定功效，相互之间不能替代。如缺磷不能用氮代替，缺钾不能用氮、磷配合代替。缺少什么营养元素，就必须施用含有该元素的肥料进行补充。

第三章 果树的需肥特点及施肥技术

第一节 果树一生中需肥特点及施肥目的

幼树期果树

需肥特点：重氮轻磷钾。

施肥目的：扩大树冠，扩展根系，为开花结果打下基础。

结果初期果树

需肥特点：重磷配氮钾。

施肥目的：促花芽分化，健壮花芽，增强树冠，保果壮果。

盛果期果树

需肥特点：氮磷钾配合，钾需求量大。

施肥目的：合理施肥，确保连续丰产稳定。

衰老期果树

需肥特点：氮肥为主，配合磷钾。

施肥目的：更新复壮，延长挂果期。

果树一年施肥情况如下图：

萌芽发枝肥　　催花保果肥　　膨果壮果肥　　采果越冬肥

第二节　常用的施肥方法

一、条沟施肥法

二、定位穴施肥法

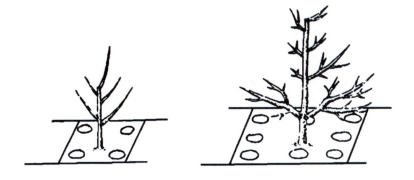

三、环状沟施肥法

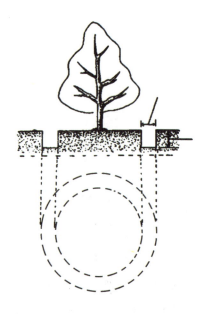

四、放射沟施肥法

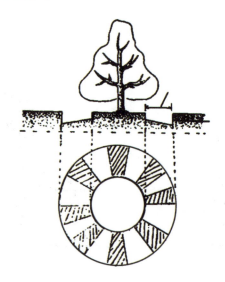

第三节 植物必要营养元素作用与缺少症状诊断

一、氮

氮（N）的生理作用：氮是核酸、辅酶、磷脂、叶绿素、细胞色素、植物激素（CTK）和维生素等的成分，是蛋白质和核苷酸的组成元素，参与叶绿素的形成，提高光合作用。

植物缺氮症状：老叶黄化焦枯，新生叶淡绿，提早成熟。

植物缺氮实例：

二、磷

磷（P）的生理作用：磷对细胞分裂和开花结实起重要作用。对提高抗逆性（抗病、抗寒、抗旱）有良好作用。能够促进根系发育，特别是促进侧根和细根的生长。能够加速花芽分化，提早开花和成熟。

植物缺磷症状：植株生长发育受阻，分枝少，矮小，叶片出现暗绿色或紫红色斑点，茎秆呈紫红色，失去光泽。

植物缺磷实例：

三、钾

钾（K）的生理作用：在植物体内的含量超过磷，高产作物中还超过氮，主要以离子状态存在，是生物体内很多酶（60多种）的活化剂，是构成细胞渗透势的重要成分，调节气孔的开闭，促进光合磷酸化，促进同化物的运输。

植物缺钾症状：叶尖或叶缘发黄，变褐、焦枯似灼烧状，叶片上出现褐色斑点或斑块，但主脉附近仍为绿色。

植物缺钾实例：

四、钙

钙（Ca）的生理作用：钙是细胞壁胞间层果胶钙的成分；与细胞分裂有关；稳定生物膜的功能；可与有机酸结合为不溶性的钙盐而解除有机酸积累过多时对植物的危害；少数酶的活化剂。

植物缺钙症状：顶芽、侧芽、根尖等分生组织易腐烂死亡，叶尖弯钩状，并相互粘连，干烧心、筋腐、脐腐等。

植物缺钙实例：

五、硼

硼（B）的生理作用：硼能影响生殖器官发育，影响作物体内细胞的伸长和分裂，对开花结实有重要作用。

植物缺硼症状：顶端停止生长并逐渐死亡，根系不发达，叶色变绿，叶片肥厚，皱缩，植株矮化，茎及叶柄易开裂，脆而粗，花发育不全，花而不实，蕾花易脱落。

植物缺硼实例：

六、铁

铁（Fe）的生理作用：是细胞色素、血红素、铁氧还蛋白及多种酶的重要组分，在植物体内起传递电子的作用，是叶绿素合成中必不可少的物质。

植物缺铁症状：铁在植物体内不易移动，缺铁时首先表现在幼叶上。表现为脉间失绿，严重时整个幼叶呈黄白色，缺铁常在高 pH 土壤中发生。

植物缺铁实例：

七、锌

锌（Zn）的生理作用：是多种酶的组分和活化剂，已发现 80 多种含锌酶，参与生长素的合成。

植物缺锌症状：老组织先出现缺锌时生长素含量下降，植物生长受阻，节间缩短，叶片扩展受抑制，表现为小叶簇生，称为小叶病或簇叶病。玉米缺锌出现白条症。

植物缺锌实例：

八、镁

镁（Mg）的生理作用：是叶绿素的重要组分，是多种酶的活化剂，在光合作用中具有重要的作用。

植物缺镁症状：镁在植物体内易移动，缺镁时首先在老叶上表现症状。老叶发生脉间失绿，叶脉保持绿色，形成清晰的绿色网状脉纹（禾本科缺镁时表现为脉间呈条纹状失绿），以后失绿部分由淡绿色转变为黄色或白色。

植物缺镁实例：

九、锰

锰（Mn）的生理作用：锰是叶绿体的成分，促进种子发育和幼苗早期生长，对光合作用和蛋白质的形成有重要作用。

植物缺锰症状：症状从新叶开始，叶片脉间失绿，叶脉仍为绿色，叶片上出现褐色或灰色斑点，逐渐连成条状，严重时叶色失绿并坏死。

植物缺锰实例：

十、钼

钼（Mo）的生理作用：是需要量最少的必需元素；是硝酸还原酶、固氮酶的组成成分；是黄嘌呤脱氢酶及脱落酸合成中的某些氧化酶的成分。豆科植物根瘤菌的固氮特别需要钼，固氮酶是由铁蛋白和铁钼蛋白组成的。

植物缺钼症状：新叶畸形，有斑点散布于叶片上。生长不良，植株矮小。豆科植物缺钼会影响固氮，荚粒不饱满。

植物缺钼实例：

第四节　秋季果树施肥

果农在讲到秋季果树施肥时，都将果树各个季节的施肥效果比喻为"秋施金，冬施银，春季施肥就是铜"；也有人认为"早秋施金，晚秋施银，入冬施肥是哄人"。同样的投入，同样的肥料，施肥的时间一变，效果就大不一样。8月下旬至9月秋梢停长，是果树根系的第三次生长高峰，随着气温的逐渐降低，秋季雨水的增多，微生物的繁殖随之加快，给果树的根系造就了适宜的生长环境。8月下旬至9月也是果树花芽的分化阶段，果实膨大也需要大量的营养物质，此期肥料不足易导致花芽的分化不充实，翌年看似是花芽，开花后却是叶芽。秋季施肥后，其速效部分可被根系吸收，不但能增强叶功能，而且还可将大部分光合产物储藏在树体内，充实花芽，有利于越冬。同时到来年春季发芽早，展叶快，叶大而厚，光合能力强，有利于开花、坐果和花芽早期形成。而基肥中的迟效部分，经秋、冬、春的漫长过程，也开始转化为易被果树根系吸收的营养物质，春季便会利于成花、坐果和春梢生长。所以秋季施肥很重要。秋季的施肥量要占全年施肥量的60%，是解决大小年的关键肥料。苹果的花芽分化高峰出现在秋季，抓好苹果树的秋季管理，可为第二年的丰产稳产优质打下坚实的基础。

秋季施肥要施足有机肥（根果良品有机肥）、平衡无机肥（尿素、二胺、复合肥）、配合矿质肥（根果良品种微量元素菌剂）、搭配生物肥（根果良品复合微生物肥料、根果良品微生物固体菌剂）、重视调理剂（根果良品养根护根剂、根果良品生物功能水溶性肥料）。如增施大量氮肥，会刺激果树再次生长，减弱果树贮藏养分的能力，使果树不能正常落叶，增加腐烂病对树体的浸染机会。增施有机肥，能够增强树体贮藏养分的能力，为花芽的分化和果实膨大奠定坚实的基础。

从"木桶原理"得到启发，果树吸收养分的多少，就像一个用不同高度的木板围成的水桶，大量元素为"长板"，微量元素为"短板"，木板的长短决定着木桶盛水的容积。当大量元素增加，中微量元素也随之增加，才能使果树发挥最大增产潜力。若大量元素"长板"增加，微量元素"短板"没有增加，水桶的容积只能由微量元素"短板"决定。要使果树发挥最大增产潜力，必须增施有机肥，补充微量元素。

有机肥除含有氮、磷、钾三要素外，还含有硼、锌、锰、钼、铜、铁等微量元素，有机肥所含的营养成分比较全面，肥效稳定，可在较长时间内持续发挥肥效，解决了无机肥成分单一的不足。有机肥中的各种有机酸与钙、镁等离子结合形成稳定的络合物，可以减少矿质营养的固定。有机肥施入土壤后，可改良土壤结构，能调节土壤水、肥、气、热状况，有利于果树健壮生长。增施有机肥能满足果树对各种营养元素的需要。因此，秋季施肥有机肥不能缺。由于长期使用化学肥料，我国的土壤已经不再"健康"，土壤性状恶化、土地板结、土壤酸化、盐渍化、土壤微生物多样性被破坏等问题越来越突出，并直接导致了土壤贫瘠、地力衰竭等，影响农业可持续发展。在土壤生态如此恶劣的形势下，建议向土壤中施入微生物菌，这对于改良土壤、提升地力、改善土壤生态环境、提高农作物产量和品质具有极其重要的作用。正如国家苹果工程技术研究中心杨杰教授所说："作物长不好的原因是作物的根不好，作物的根不好是因为土不好，土不好是因为土壤里缺乏大量的有益微生物菌，所以解决当前土壤生态质量和作物产量的当务之急是在土壤中使用优质微生物菌剂。"要使土壤恢复健康，应先知道土壤健康的标准是什么。土壤的组成是固相、液相、气相三类物质，主要包括矿物质、有机质、水分、空气和微生物。土壤中这三类物质互相联系、互相制约，是具有一定结构的有机整体。因此，土壤健康的标准也由这三类物质进行界定：健康的土壤中包括 45% 左右的矿物质、25% 左右的空气、25% 左右的水、5% 左右的有机质和 1% 左右的微生物。

第五节　秋季施肥技术要点

一、施肥时间

秋施基肥在果实采收后落叶前均可进行，一般宜早不宜晚。这时果实已采收或接近成熟，新梢基本停止生长，树体消耗养分少。另外，这时正值根系第二、第三次生长高峰，地温尚高，断根容易愈合并可发出新根，微生物处于比较活跃的状态。此时施基肥能增加树体养分储备，有利于翌年果树萌芽、开花和新梢前期生长。

施肥时间因树种、品种不同而有所不同。苹果、梨在秋分前后（9 月下旬、中晚熟品种采果后），葡萄、桃、大樱桃等从 10 月开始到土壤封冻前结束，宜早不宜晚。

二、施肥种类

秋季施肥要以"四肥一调理"技术新理念为施肥种类，形成配方施肥新思路，改变以氮、磷、钾速效肥料为主的传统习惯，树立施肥就用配方好的观念。

三、施肥量

基肥的施用量应根据土壤条件、树种和树龄的大小而定。一般坡地果园土瘠薄，施肥量应大些，平地果园土质肥沃可少施些。苹果、葡萄较其他水果需肥量大，应多施些。幼旺树需肥量少，可适当少些。一般幼树株施人粪尿或鸡粪15~20千克，硫酸铵2.5千克。结果大树要按产量水平确定有机肥料的数量。一般亩产2000千克的要求"斤果斤肥"；亩产2500~3500千克的，要求"斤果斤半肥"，商品有机肥2.5~3.5千克（论株施），矿质肥1~1.5千克（论株施），根果良品微生物肥料2~3千克（论株施）。

四、施肥方法

要根据树体状况、土壤肥力状况确定具体的施肥方法。基肥以深施为好，幼树可适当浅施。第一，幼树一般采用单株施肥，在树冠垂直投影边缘挖深40~50厘米、宽30厘米的环状沟，或采用两面沟状施肥。第二，结果大树通常采用两种方法。一是全园撒施，把肥料撒匀，结合秋耕深翻园土30厘米。将肥料翻入地下。二是放射沟施，每株挖4~6条放射状沟，深40~50厘米、宽34~45厘米，将肥料与土混匀后施入沟内，或者在树冠外缘挖深、宽各30厘米的环状沟，再以树干为中心，从不同方向挖数条放射沟，接近树干处深15厘米左右，向外逐渐加深至环状沟相接。第三，施肥前要将露出的树根沿沟壁剪平，剪口要平滑，防止根发霉腐烂。施肥时肥料要逐层填入，将粗肥如树叶、杂草等放在底层，施一层肥覆一层土，最后肥土应高出地面10~15厘米。

第六节　防挖果树再植症

老果园改造或者果园重建，都存在如何解决再植病的问题。在过去，老果园改建必须采取休闲或种植农作物3年或更长时间才能重建果园。不然的话，由于土壤毒素、有害病原菌积累过多及中微量元素缺失，就会使植株不能正常生长发育。现在有了木美土里复合微生物菌肥，即使伐树的当年，只要在果园施入木美土里，就可解决再植病的困扰，保证植株旺盛生长。具体做法如下：

（1）全园深翻，将老果园残根、病根捡出，翻地时全园撒施木美土里复合微生物菌肥300千克/亩，翻入地下。

（2）定植时，在定植穴施入木美土里，大树移栽株施3~4千克，小苗定植株施1~2千克，与土充分拌匀后定植。

（3）植株成活后，当新梢生长量达到10~15厘米，在对植株追肥时，结合施入果树生物盾菌剂或根宝贝，每株10毫升兑水10千克，冲施根际。

注意：第二年、第三年及第四年结合秋季施肥施用木美土里，生长期结合灌水补充根宝贝或者果树生物盾菌剂2~3次。

第四章 土壤微生物与微生物技术应用

人类赖以生存的农作物来源于可耕种的土地——良田。

沙漠与良田主要区别在哪里呢？

科学家告诉我们：

良田与沙漠的主要区别是多了土壤有机质。

什么是土壤有机质？

是指存在于土壤中的所有含碳的有机物质，它包括土壤中各种动、植物残体，微生物体及其分解合成的各种有机物质。

肥沃的良田一般含有 2%~5%的土壤有机质，有的甚至高达 20%~40%；土壤有机质中微生物含量可达 1 亿/克，甚至更多。

土壤有机质这么重要？

如果把这些肥沃土壤的有机质还给沙漠会如何？

在阳光雨露充足的条件下，那将是见证奇迹的时刻！

第一节　沙漠可以变良田

我们来看看发生了什么。

首先，微生物将动植物残体作为食物，将其分解成越来越小的有机分子，这就是腐殖质有机质，是最丰富最全面的植物营养来源。它能够吸收比自己多十几倍的水分，很多植物需要的氮磷钾等矿物营养也溶解其中，这样大自然中的水分、养分得以更多地保存在土壤里。

微生物利用富含水分、养分的腐殖质有机质黏结矿物质（比如沙粒）盖起了一个个自己赖以生存的房子——这就是团粒结构。团粒结构越多，土壤越松软，保水性、保肥性越高。

微生物在自己搭建的房子里辛勤劳作，它们吸收利用水分、空气、矿物质及有机物质，而分解转化后的东西正是植物可以吸收的各种营养物质。

一个个的团粒结构就是一个个为植物输送养分的工厂。

接下来奇迹出现了，各种植物在丰富营养的哺育下快乐地开花，茁壮地生长，沙漠里生机盎然。

如果人们不去打扰，每年生长的大量植物残体将落叶归根，在微生物的分解下重新回归土壤，这等于是沙漠给自己制造土壤有机质，使土壤更肥沃。几年时间，沙漠也可变成肥沃的土壤，供人们耕种了。

微生物会把土壤有机质最终分解为无机物，也就是说土壤有机质如果不能得到补充最终会消失，随之以有机物为生的微生物也将骤减。

研究表明，新中国成立初期，我国东北松辽流域的黑土层平均厚度为 80~100 厘米，这是自然界亿万年累积形成的，随着开垦耕作，现在大部分地区黑土层厚度已经减少到 20~30 厘米，并且仍在以每年 1 厘米的速度减少。

全国调查发现，目前我国绝大部分地区的土壤有机质平均只有 1% 左右，仅为世界水平的一半，近 30 多年来都在逐年减少。

第二节 土壤有机质普遍减少的原因

人们每年从每亩土壤上收获几千斤农作物及其秸秆，几乎全拿走了，却基本没有给土壤补充有机质。

人们主要偏重单一施用化肥，传统的农家肥还田严重减少。

原来有限的土壤有机质在农作物吸收消耗和自然分解消失双重作用下逐年减少，微生物随之减少，团粒结构减少，土壤板结，土壤趋向贫瘠，农作物在这样的不良环境下生长，越来越处于亚健康状态，抵抗力下降，容易引起病虫害侵扰泛滥。

央视焦点访谈曾报道"化肥为什么喂瘦了耕地？"就是这个原因。农作物所需的营养元素主要来源于土壤，化肥不应该是农作物的主粮。

研究发现，肥沃的土壤一定是三多一少，即有机质多，有益菌多，团粒结构多，病虫害少；贫瘠的土壤一定是三少一多，即有机质少，有益菌少，团粒结构少，病虫害多。

掠夺式的耕作方式造成土壤有机质急剧减少，栖息的微生物也随之骤减，是在将良田变为沙漠！

一、怎么办

要改良贫瘠土壤或者沙漠，除了阳光雨露，最根本的方法是：补充营养丰富的——有机质；还要派去辛勤的肥沃土壤创造者——有益菌。

二、农作物和人都是由微生物衍变而来的

地球年龄：约 46 亿年。

微生物年龄：约 35 亿年。

陆地植物年龄：约 4 亿年。

陆地被子植物（农作物祖源）：1.5 亿年。

人出现的年龄：170 万年。

微生物年龄：约 35 亿年。

陆地被子植物（农作物祖源）：1.5 亿年。

人类认识微生物历史：200 年。

微生物历史：35 亿年。

生命树揭示了所有生命均源于微生物，生物是从简单到复杂，由低级到高级逐渐演化而来的。大约 46 亿年前，地球形成了。35 亿年前，微生物出现了。从此，微生物在地球上又经历了长达约 31 亿年的发展。直到约 4 亿年前，绿藻摆脱了水域环境的束缚，首次登陆大地，进化为蕨类植物，从此出现了陆生植物，但是这个阶段的陆

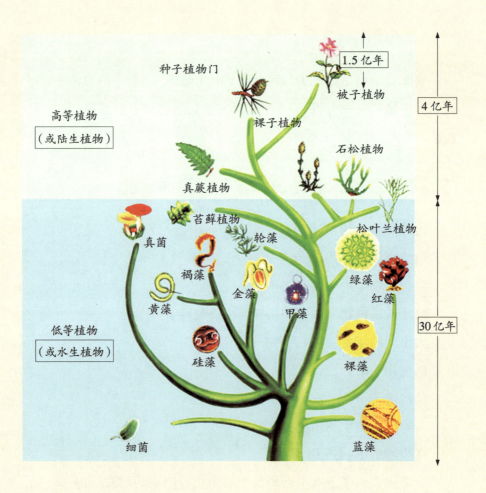

生植物生殖发育并没有完全摆脱对水的依赖。后来又经历了裸子植物时代，直到 1.5 亿年前，被子植物开始出现，于晚期迅速发展，代替了裸子植物，形成延续至今的被子植物（绝大多数农作物的祖先）时代。

第三节　微生物与农作物的关系

一、微生物与农作物和谐共生，有千丝万缕的联系

陆地植物不是孤立出现的，是建立在微生物创造的必要环境下的，而且产生于充满了微生物的环境中，必然与其有着千丝万缕的关系。

二、微生物参与构成了农作物的"肠胃"

根系、根际土壤、根际微生物一起组成了农作物的"肠胃"，很多有益微生物与根系形成互补共生关系，在农作物各种营养的转化和吸收过程中发挥主要作用，矿物质元素多数依靠微生物的活动变为农作物可吸收的状态。

菌根真菌在土壤中为植物根系组建一张庞大的互联网络，让植物根系与土壤紧密相连，无数的枢纽为植物根系的吸收插上翅膀，帮助植物能更迅速吸收养分和水分，尤其是对磷元素的促吸收作用更为显著。数据表明，1毫克的菌丝（直径为10微米）相当于1600毫克的根（直径为400微米）的吸收功能，是1600倍啊！吸收能力差

距惊人!

菌根真菌是自然界多数植物生存最基本的组成部分,陆地上90%以上的高等植物都具有菌根真菌。

三、植物的天然氮工厂

根瘤菌在植物根部组建一个个"氮工厂",名为根瘤,它们将空气中的氮加工成可供植物吸收的氨态氮,源源不断地输送给植物。根瘤制造的氮肥天然无污染,对豆科植物生长有良好作用。据调查,如果在播种豆科植物前将种子与根瘤菌剂拌种,可使大豆、花生增产10%以上。

根瘤菌与植物共生形成的根瘤

第四节 解磷解钾菌

胶质芽孢杆菌、巨大芽孢杆菌等解磷解钾菌拥有分解钾长石的"铁嘴钢牙"。

植物生长需要磷、钾,但在土壤中,它们绝大多数是以不溶物状态存在的，例如钾长石，植物无法利用，此时解磷解钾菌就像一群长有铁嘴钢牙的部队，将钾长石这块硬骨头慢慢溶解，"磨烂嚼碎"，化为可溶的磷、钾元素，植物便可轻松吸收。

胶质芽孢杆菌的主要功能：促进无效磷钾的转化。

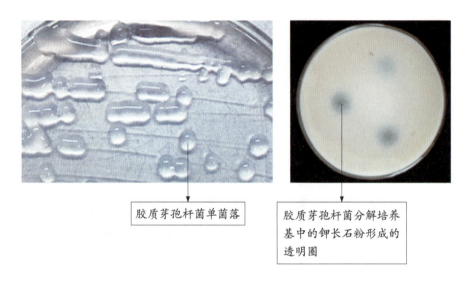

胶质芽孢杆菌单菌落

胶质芽孢杆菌分解培养基中的钾长石粉形成的透明圈

巨大芽孢杆菌的主要功能：解磷促钾，提高植物对磷钾的吸收利用，促进肥效。

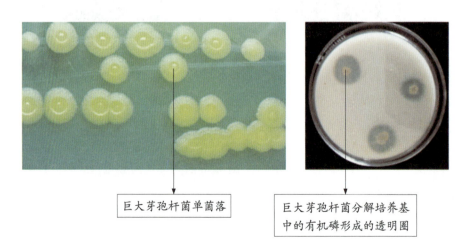

巨大芽孢杆菌单菌落

巨大芽孢杆菌分解培养基中的有机磷形成的透明圈

第五节　微生物的作用

一、微生物为农作物提供关键营养

微生物分解动植物残体，直到将其分解为无机物，然后这些无机物又重新被植物体所吸收利用。

但是科学研究发现，微生物分解有机物的生命活动过程中产生了很多有机小分子，这些有机小分子可以直接被作物吸收利用，对于植物的生长起到了关键作用。

例如单糖、果糖、葡萄糖、有机酸、氨基酸、酰胺、含磷有机物（嘌呤类）、嘧啶、核苷酸等，这些有机小分子是高级营养，就像母乳对于婴儿一样，对农作物很重要，直接可以吸收利用，起到保证作物健康、加快生长、提前成熟、提高产量等作用。

微生物的代谢产物如各种维生素、植物激素（生长素、赤霉素、细胞分裂素、脱落酸）等也均是有机小分子，它们对于农作物的各种生长发育过程发挥着重要的促进和调节作用。如硅酸盐细菌可以分泌促进植物生长的赤霉素、生长素和其他活性物质；固氮菌可以分泌维生素 B_1、维生素 B_2、维生素 B_{12} 等多种维生素，这些生长刺激素对作物的生长发育有一定的调节和促进作用。

有些微生物还能分泌抗生素、几丁质酶等有机小分子，它们能够抑制病虫害，保护农作物。

二、有益微生物是农作物的卫士，协助抵抗病虫侵害

科学研究发现，附着在农作物的根、茎、叶表面及其体内，一起生活的微生物有1000种以上，这些微生物绝大部分无害，其中很多对农作物有益，极少数微生物是病原菌，否则大自然将不堪设想。

农作物能够与很多有益菌建立协作共生的关系。还是以菌根真菌举例，这些真菌与农作物形成共生关系，根系分泌物为其提供部分营养，真菌在作物根系表面生成一层菌膜，很坚韧，这保护了根系免遭病原菌侵染，真菌的分支很长，可以吸收更多营养与根系分享。

正常情况下，健康的农作物处于有益菌占据主导地位的微生物环境下，有益菌通过竞争食物限制病原菌的生长，有些有益菌的分泌物可以直接抑制甚至杀灭病原菌，比如大名鼎鼎的青霉菌分泌的青霉素。大自然多么神奇啊！

只有在特定的条件下，病原菌才会侵染泛滥，尤其是当农作物生存在恶劣的土壤环境时，根系发育不良，整体不健康，微生物平衡被破坏，这时最容易受到侵染。

人们利用有益微生物可以构建对作物有益的环境，大大减少病虫害，减少农民的烦恼。

研究表明，苏云金芽孢杆菌可产生两大类毒素，即内毒素

（伴胞晶体）和外毒素，使害虫停止取食，最后害虫因饥饿而死亡，可协助人们防治直翅目、鞘翅目、双翅目、膜翅目，特别是鳞翅目等多种害虫。

目前发现，很多种类的微生物如环状芽孢杆菌、地衣芽孢杆菌、巨大芽孢杆菌、灰色链霉菌和米曲霉等都可以分泌几丁质酶，而昆虫及虫卵的外壳是由几丁质构成的，几丁质酶分解昆虫及虫卵的外壳，起到了杀死害虫的作用。

枯草芽孢杆菌、解淀粉芽孢杆菌等产生的抗菌物质对引起重茬的镰刀菌、丝核菌都有明显抑制作用。

（左图为引起重茬的尖孢镰刀菌；右图为解淀粉芽孢杆菌和枯草芽孢杆菌对尖孢镰刀菌的抑制效果）

落葵链格孢菌对苹果腐烂病原菌抑制率可达95％以上。

（左图为苹果腐烂病菌；右图为落葵链格孢菌对苹果腐烂病菌的抑制效果）

第六节　菌肥中微生物的功效

微生物是一切肉眼看不见或看不清的微小生物，个体微小，结构简单，通常要用光学显微镜和电子显微镜放大约1000倍才能看到，但也有些微生物是肉眼可以看见的，像属于真菌的蘑菇、灵芝等。

微生物千姿百态，它们为了自己的生存与繁衍在以自己特有的方式存在着。可能你从没有看见过微生物，但是你可知道，牛奶是怎么变坏的？美酒是如何酿成的？吃下去的食物是如何消化吸收的？田里的秸秆残茬又是怎么变得面目全非，甚至不见踪影的？这些都是微生物的功劳。

土壤中微生物的种类较多，有细菌、真菌、放线菌、藻类和原生动物等。数量也很大，1克土壤中就有几亿到几百亿个微生物。

大部分土壤微生物对作物生长发育是有益的，它们对土壤的形成发育、物质循环和肥力演变等均有重大影响，当然也有一些不被人喜欢的致病微生物。正是有了土壤微生物的默默耕耘，大地才会有春华秋实的生生不息。那么微生物在土壤中都干些什么呢？

一、土壤微生物可以形成土壤结构

土壤并不是单纯的土壤颗粒和化肥的简单结合，作为土壤的活跃组分，土壤微生物在自己的生活过程中，通过代谢活动的氧气和二氧化碳的交换，以及分泌的有机酸等，有助于土壤粒子形成大的团粒结构，最终形成真正意义上的土壤。土壤微生物的区系组成、生物量及其生命活动和土壤的形成和发育有密切关系。

二、土壤微生物最显著的成效就是分解有机质

土壤微生物最显著的成效就是分解有机质，比如作物的残根败叶和施入土壤中的有机肥料等，只有经过土壤微生物的作用，才能腐烂分解，释放出营养元素，供作物利用，并形成腐殖质，改善土壤的结构和耕性。

然后，土壤微生物还可以分解矿物质，土壤微生物的代谢产物能促进土壤中难溶性物质的溶解。例如磷细菌能分解出磷矿石中的磷，钾细菌能分解出钾矿石中的钾，以利作物吸收利用，提高土壤肥力。另外，尿素的分解利用也离不开土壤微生物。这些土壤微生物就好比土壤中的肥料加工厂，将土壤中的矿质肥料加工成作物可以吸收利用的形态。

三、土壤微生物还有固氮作用

氮气占空气组成的4/5，但植物不能直接利用，某些微生物可借助其固氮作用将空气中的氮气转化为植物能够利用的固定态氮化物，有了这样的土壤微生物，就相当于土壤有了自己的氮肥生产车间。

在植物根系周围生活的土壤微生物还可以调节植物生长，植物共生的微生物如根瘤菌、菌根和真菌等能为植物直接提供氮素、磷素和其他矿质元素的营养，以及有机酸、氨基酸、维生素、生长素等各种有机营养，促进植物的生长。土壤微生物与植物根部营养有密切关系。

四、土壤微生物还可以降解土壤中残留的有害物质

微生物还可以降解土壤中残留的有机农药、城市污物和工厂废弃物。微生物把它们分解成低害甚至无害的物质，降低残毒危害。当然，这些所有的功能都是由不同种群的微生物完成的，每一个功能的实现也需要有大量的微生物共同工作才行。

五、土壤微生物的未来前景无法估量

土壤中的微生物这么能干，你可能会想，要是能让它们听人类的话，想要它们干什么，它们就发挥什么功能就好了。没错，科学家们也是这么想的。现在，在医药卫生事业、工农业生产上，已经有大量应用微生物的例子。就拿土壤中的微生物来说吧，通过开发和筛选有效菌种，培育高效菌种，我们可以修复污染的土壤、生产菌肥、生物农药等。

为了充分开发微生物（特别是细菌）资源，1994年美国发起了微生物基因组研究计划（MGP）。通过研究完整的基因组信息开发和利用微生物重要的功能基因，不仅能够加深对微生物的致病机制、重要代谢和调控机制的认识，更能在此基础上发展一系列与我们的生活密切相关的基因工程产品，包括接种用的疫苗、治疗用的新药、诊断试剂和应用于工农业生产的各种酶制剂等。

通过基因工程方法的改造，能够促进新型菌株的构建和传统菌株的改造，全面促进微生物工业时代的来临。到那时，土壤不再是黑箱，而是一个可以看得见、摸得着的系统，许多年来土壤微生物学家面临的诸多问题就可以解决了。土壤管理者可根据实际情况，通

过各种措施，有目的地调理土壤微生物数目和种类，制定农业生产措施，也可以根据土壤微生物客观条件制定耕作制度。通过改进施肥、栽培制度、人为引入有益的土壤微生物等措施，来恢复原有的微生物群落或增加某些功能，从而抑制作物土传病菌、提高土壤微生物多样性。这有助于土壤生态肥力的提高，能从根本上防治作物土传病害、连作障碍。人类对微生物功能的利用将更加"随心所欲"了。

第七节　应用微生物发酵自制生物有机肥

一、发酵前准备

（1）水分控制是畜禽粪便、秸秆等农家肥发酵的关键，适宜的含水率：45%~60%（手抓物料成团，无水滴出）。

（2）当水分小于45%（手攥不易成团，松手即散）或当水分大于60%（手攥滴水）时不利于发酵。

（3）新鲜畜禽粪便大部分水分都在70%以上，建议进行摊晒，达到适合水分后再行发酵使用；或者直接与秸秆混合后使用，混合比例为1方畜禽粪便加入0.5~1方秸秆，混合比例以达到事宜含水率为准。

二、农家堆肥——发酵过程管理

1. 混合堆垛

将控制好水分的农家肥均匀撒入发粪宝后堆垛，堆垛高0.5~1

米，每个堆垛农家肥用量最好在 5 方以上，利于升温保温，堆垛后覆膜，插入温度计。

2. 发酵过程管理

堆垛后，每天观察温度变化，一般 24~48 小时温度即可升至 50℃以上，之后最高可以升至 70℃左右；升温至 50℃以上 7 天左右进行一次翻倒，之后 7~10 天翻倒一次，发酵过程一般为 30~45 天，堆肥颜色逐渐变黑褐色，臭味逐渐消失。当堆肥温度下降至 50℃以下不再升温时，便完成发酵，可以使用。

3. 问题处理

如堆垛 3~5 天后仍不升温，往往因为水分过高，建议摊晒至适宜水分再堆垛。冬天露天发酵效果不好，可以在温室内发酵。

三、花生麸水肥制作

1000 千克有机物料混合物使用 2 瓶发粪宝发酵。花生麸与水按 1∶7（千克）的比例混合，也就是 1 千克花生麸兑 7 千克水浸泡，然后加入发粪宝，混合好倒入可以密封的桶里密封，中途需要搅拌，有条件的可以一个月 4 次，发酵时间约两个月。

备注：发粪宝的量可增加，有农户反应，量增加可加快发酵过程。

四、效果与用量

（1）发酵产生的高温可以杀灭有机物料中的病菌、虫卵、草籽，极大地减少病虫对土壤的侵害，避免烧苗。

（2）农家肥的当年吸收利用率可以提高数倍。

（3）发酵过程中生成多种植物生长素、抗生素，促进作物根系发育，提高作物抗病、抗旱、抗寒能力。

（4）每1000千克（或2方）有机物料添加发粪宝500毫升，添加时用水稀释 10~20 倍（以能够洒匀为好），均匀的喷洒或泼洒在准备发酵的有机物料上。

第五章 土壤危害改良

第一节 土壤板结改良

土壤板结是指土壤表层因缺乏有机质，结构不良，在灌水或降雨等外因作用下结构破坏、土料分散，而干燥后受内聚力作用使土面变硬。

土壤板桔形成主要有以下成因：

（1）土壤的酸碱性过大或过小，如下酸雨。

（2）塑料制品，如塑料地膜等没有及时清理，在土壤中无法完全被分解。

（3）长期单一地施用化肥，腐殖质不能得到及时的补充，同样也会引起土壤板结，还可能龟裂。

①向土壤中过量施入氮肥后，微生物的氮素供应增加1份，相应消耗的碳素就增加25份，所消耗的碳素来源于土壤有机质，有机质含量低，影响微生物的活性，从而影响土壤团粒结构的形成，导

致土壤板结。

②向土壤中过量施入磷肥时,磷肥中的磷酸根离子与土壤中的钙、镁等阳离子结合形成难溶性磷酸盐,既浪费磷肥,又破坏了土壤的团粒结构,致使土壤板结。

③向土壤中过量施入钾肥时,钾肥中的钾离子置换性特别强,能将形成土壤团粒结构的多价阳离子置换出来,而一价的钾离子不具有键桥作用,土壤团粒结构的键桥被破坏了,也就破坏了团粒结构,致使土壤板结。

(4)土壤有机质含量偏低,影响微生物的活性,从而影响土壤团粒结构的形成,导致土壤板结。

(5)地表水资源缺乏,利用矿化度高、水温低的地下水浇水。

(6)风沙、水土流失,表土层细小的土壤颗粒被带走,使土壤结构遭到破坏。

第二节　土壤板结的危害

土壤板结会导致透气性下降,这样就会使得根吸收到的氧气减少,直接导致的结果就是根系的有氧呼吸减弱甚至进行无氧呼吸,然后就是根系提供的能量减少,这样就很不利于植物的生长。

消除土壤板结有以下方法:

(1)增加有机肥的施入量,多积造一些有机肥。如厩肥、圈肥、土杂肥,以及利用作物秸秆沤制优质有机肥。最好施用高含量的微生物菌剂,如木美土里、枫丹百丽、根果良品、欣沃达、欧力达微生物菌肥、菌剂等。

（2）减少化肥的施入量，提高农民对各种肥料作用的认识，对化肥的用量要结合作物产量和土壤肥力状况进行合理配方施肥，这样既控制了盲目施用化肥的用量，也减少了不合理的投入，从而增加经济效益。

（3）进一步推广旱作农业，实行喷灌，或提倡利用夏季多储雨水，充分利用地表水。有条件的也可利用深井水。

（4）打破陈旧的耕作方式，进一步推广秸秆还田，免耕覆盖，尽最大努力减少不必要的土壤流失，以保土壤结构不遭破坏。

第三节　纳米土壤修复技术

中央电视台 2014 年 5 月 25 日《焦点访谈》播出了题为《被化肥"喂瘦"了的耕地》的新闻专题调查，鲜明地指出了我国农业由于长期、大量并依赖性地使用化学肥料，已经将我们本来健康、肥沃的土地"喂"得板结、酸化、盐渍化、地力衰竭，其恶化程度触目惊心！土壤污染、水污染、大气污染、各种病害，其严重程度令人发指！农民感受颇深的"增加化肥用量不增加产量"甚至"化肥用得越多产量越低"、农产品重金属严重超标、品质恶化、卖难、效益低等"乱象"已成了普遍现象，土壤危机、农业危机已为我们国家的粮食安全、食品安全乃至国民经济可持续发展敲响了警钟！

对于土地瘦弱、贫瘠、地力衰竭，《焦点访谈》指出了个中原因，譬如用肥不平衡、缺乏有机质等，但是从植物营养学、土壤健康学的角度来看，这个论断尚不全面，甚至没有找到根源。

要找到土壤不健康的"病因"，我们必须首先了解土壤健康的标准。美国土壤健康学会理事张朝晖先生指出："健康的土壤中除了45%左右的矿物质即土壤本身之外，必要的还要有25%左右的空气、25%左右的水、5%左右的有机质和1%左右的微生物。"

照此，我们可以按照土、肥、水、气，或者按照化肥、有机质、微生物各自的功效来进行一一比照和深入分析，并可在比照和分析过程中充分了解这土地之"瘦"、土壤之"病"到底"病"在哪里？因为只有找出真正的病因，方可对症下药、药到病除！

首先，被化肥"喂瘦"的板结、酸化、盐渍化、不通透、不保水、不保肥、营养匮乏、地力衰竭的土壤，毫无疑义是由于化学肥料成分在土壤中长期累积、残存，得不到有效分解和营养转化所致，那么，化学肥料、土壤营养的转化、分解和吸收要靠什么？毫无疑问，那就是微生物！

其次，被化肥"喂瘦"的板结、酸化、盐渍化、不通透、不保水、不保肥、营养匮乏、地力衰竭的土壤，其保水保肥、通透性、地力提升要靠什么？显然要靠土壤中的团粒结构、有机质、腐殖酸、腐殖质，而团粒结构、有机质、腐殖酸、腐殖质的生成要靠什么？毋庸置疑，要靠微生物！

再次，被化肥"喂瘦"的土壤里的各种污染，譬如农药残留、化肥成分残留、各种重金属等，在怎样的理化反应中才能得到消解、降解或者无害化转化？怎样才能保证农产品不被污染，提高农产品品质？不用怀疑，还是要靠土壤中的微生物，要靠微生物在其繁殖和代谢过程中，对上述污染物质进行分解、转化、固化、转移，以及新的无害化合成，等等，从而达到彻底降解目标，恢复土壤健康。

的确，从严格意义上来讲，微生物菌不是作物土壤肥料，但是从其功能意义上来讲，微生物菌却是土壤的"好厨师""营养师"和"清洁师"。

近年来，各地发生了大量果树死亡、作物绝收的案例，其根源还是在于土壤之"病"。国家苹果工程技术研究中心杨杰教授曾对此一针见血地指出："作物长不好的原因是作物的根不好，作物的根不好是因为土不好，土不好是因为土壤里缺乏大量的有益微生物菌！"可谓振聋发聩，一语中的。

在大量的农村实地调研中我们发现，正如央视《焦点访谈》中所言，原本用50千克的化肥现在已经用到了100千克甚至150千克，不仅不增产而且还减产，如此则证明，我们的土壤真正缺乏的不是"肥力"，而是"地力"。而土壤缺乏地力的根本原因则在于土壤缺乏有机质和微生物菌。

要彻底解决土壤健康问题，走出农业生产困境和危机，让土地真正"肥"起来，我们必须在用肥方面进行彻底的变革。现在大家形成的共识就是要尽快、大量使用有机肥和微生物菌剂。

对于使用有机肥，增加土壤有机质是必要的。另外，对于大量使用微生物菌剂，促生土壤中菌的繁殖生长，要注意以下几个问题：

微生物菌类多为芽孢杆菌类，作为外来菌，施到土壤里去存在是否适应当地环境及成活率问题，至于市场上菌肥鱼龙混杂，质量参差不齐，活性差别巨大，选择起来很困难。

有没有一种办法，能从根本上激活土壤中有益菌的快速繁殖生长，同时又能促进根系的发育？

纳米技术可以解决这个问题。

根魁 B（纳米水溶硅）兑水冲、灌、滴入土壤后，可促进土壤中微生物活性，调节 C/N 比，增肥土壤。

纳米水溶硅肥料的生物学效应：

（1）刺激植物生长。

（2）促进植物体内各种酶的活性。

（3）提高作物产量。

（4）提高植物对自然环境的抗性。

纳米水溶硅肥料的优势：

（1）纳米材料具有表面效应和小尺寸效应，在植物生长过程中，根系具有趋肥、趋水性。纳米水溶硅肥料可充分吸附结合在根系表面，促进根毛区对养分的吸收。

（2）培肥土壤，改善土壤理化性质。

①纳米硅在土壤中会吸附气体，增加土壤通气性。

②纳米硅表面积大，表面活性中心多，可以作为催化剂，在适应条件下可以催化断裂 H–H、C–C、C–H、C–O 键，促进土壤中有机物的分解，一方面为植物提供养分，一方面可以增加土壤团粒结构，充分发挥土壤蓄肥保肥能力。

③增加土壤中养分离子的交换吸附，增强土壤的生命力。

根魁 B 在苹果、樱桃、洋葱、马铃薯等作物蔬菜上被大面积示范推广，取得了骄人的成效。它的独特优势就是激活土壤自身的修复功能，激活植物体内及种子内在的细胞的活性，增强植物自身免疫力。

第四节　腐植酸土壤修复技术

腐植酸对重金属和有毒有机污染物污染土壤的修复作用主要包括：腐植酸对重金属和有机物的吸附沉淀作用、氧化还原作用，以及腐植酸能够促进土壤微生物对有机污染物的降解等。

实践证明，腐植酸对于土壤修复和改良的作用是十分明显的。

一、腐植酸改变了被污染的土壤中重金属存在的形态

重金属的累积和富集带给土壤极大的压力，其存在于土壤中的形态多数都是螯合态或者络合态，腐植酸富含大量离子，它可以用自身的离子替换掉螯合态和络合态中的重金属离子，使重金属不易被作物吸收，农作物不易受到重金属污染。

轻腐植酸（黄腐酸）分子量较低，有利于重金属的活化、增容、解吸。例如用含黄腐酸的溶液浇灌"超累积植物"肾蕨（超累积植物就是指对重金属或其他污染物有耐受性的植物），可以明显提高对各种重金属的吸收。

重腐植酸（包括棕腐酸、黑腐酸）分子量较大，对重金属有还原和吸附固定的作用，可降低重金属的有效性，如对镉、汞、铅等的固定。

二、腐植酸降低了被污染的土壤中有机物的毒害程度

土壤的另一个破坏者是有机污染物，来源主要是石油及裂解产

物、农药、有机合成制品（如塑料地膜等）。

腐植酸能够通过增加对有机物的吸附量和稳定性，固定在土壤中，使污染物失去活性，或者诱导有机物的活性自由基光解、化学降解，从而达到为土壤"解毒"的功效。

以重腐植酸为原料生产的腐植酸"可降解地膜"，既有增温保墒保肥作用，用后 2～3 个月又降解为腐植酸有机肥，使作物自然出苗，省工省时，避免了塑料地膜造成的"白色污染"。

三、腐植酸可用于地下水位低于 1 米的盐碱地治理

腐植酸能够和其他辅助剂的钙铁离子结合，促进地表 20～30 厘米的细颗粒土壤形成大颗粒团粒结构，降低了细颗粒土壤的毛细现象，大大减少了蒸发水分携带盐分到地表面和逐渐积聚形成的盐渍化，这是从源头上彻底治理盐碱地的最有效得方法。

四、腐植酸在肥料上的应用

肥料也是向土壤中带入重金属、造成土壤污染的因素之一，比如低含量的磷肥、低品质的硅钙土壤调理剂、低品质的有机肥等。

目前，腐植酸越来越广泛地应用在高品质肥料领域，比如各种含腐植酸的复合肥，腐植酸水溶肥，含腐植酸的有机肥、有机无机肥等。除了对肥料的增效作用以外，还能改善土壤团粒结构，增强有益微生物活性，也能如上文所述，对土壤盐渍化、重金属、有机物污染等起到逐步治理作用。

第五节 微生物土壤修复技术

人们的农业活动引起有机、无机污染废弃物给土壤环境带来了相当大的破坏，而微生物可在一定程度上降解或转化有机、无机污染物，对土壤的生态健康和农业的可持续发展起到了一定的作用。

一、有机物污染

主要是有机农药，大多为一些卤代芳烃，最难降解的是一些氯化烃杀虫剂。

土壤中的一些微生物则具有降解这些有机农药的功能。一些微生物可以把非芳环碳上的氯原子以氢原子取代，具有这种还原脱氯功能的微生物有酵母、普通变形菌、黏质沙雷氏菌等。

二、无机物污染

主要是一些重金属的污染，如汞、砷、铅、铬和镉等的污染。微生物对土壤中重金属活性的影响主要体现在以下几个方面：

1. 生物吸附和富集作用

微生物可通过带电荷的细胞表面吸附重金属离子，或通过摄取必要的营养元素主动吸收重金属离子，将重金属离子富集在细胞表面或内部。

2. 溶解和沉淀作用

微生物对重金属的溶解主要是通过各种代谢活动直接或间接进

行的。土壤微生物的代谢作用能产生多种低分子量的有机酸,如甲酸、乙酸、丙酸和丁酸等。真菌产生的有机酸大多为不挥发性酸,如柠檬酸、苹果酸、延胡索酸、琥珀酸和乳酸等,且真菌可以通过分泌氨基酸、有机酸和其他代谢产物溶解重金属及含重金属的矿物。

3. 氧化还原作用

土壤中的一些重金属元素能够以多种价态存在,它们呈高价离子化合物存在时溶解度通常较小,不易迁移;而以低价离子形态存在时溶解度较大,易迁移。微生物可以氧化土壤中多种重金属元素。

4. 络合作用

重金属可与土壤有机质形成稳定的络合物,以降解重金属,对重金属在土壤中的化学行为产生深刻的影响。

5. 共生作用

菌根真菌与植物根系共生可促进植物对养分的吸收和植物生长,菌根真菌也能借助有机酸的分泌活化某些重金属离子,菌根真菌还能以其他形式如离子交换、分泌有机配体、激素等间接作用影响植物对重金属的吸收。

第六章

花椒管理技术

我国是花椒的主产国,花椒是我国饮食文化调料中的主料。这几年在花椒的开发利用上更加广泛,将之用于医药、化工、化妆品、护肤品、麻辣油、香精等的制作,还有部分出口。

花椒在海拔 400~1800 米,低温零下 18℃的坡地、平地都可种植,但是花椒采摘难,号称是"针尖上找钱"。花椒最大的投资费用是用于采摘,采摘最大的麻烦是花椒有刺,采摘一天下来,满手都

是伤，又麻又疼。

无刺花椒是陕西省白水县兴秦花椒专业合作社在1万多亩花椒园中，发现了几株大红袍变异品种，通过多年来反复嫁接而成的。它的色度鲜红、麻香味浓、产量高、易采摘、耕作方便。树苗期下部有少量刺，随着树龄的不断增长，树体上的刺会越来越少，结果后少刺率在85%以上。有刺花椒采0.5千克鲜椒工价3元，无刺花椒仅需1.5元。该品种叶片肥大，要求水肥条件比较高。幼树期以氮磷钾复合肥为主，增施有机肥、农家肥最好。但是幼树期氮肥不能过量增施，否则会导致树体木质化不成熟，养分积累不够，越冬容易冻死。这几年在花椒价格相当好的形势下，有些椒农大量增施氮肥，结果树品质下降，着色不良，影响价值。

第一节 整形栽植与病害防控

一、整形栽植

栽植时间一般为春秋两季，秋季在雨季最好，春季在土壤解冻后就可种植，栽前最好用杀菌剂、生根粉浸泡几个小时。水肥条件好的平地，株行距3~4米，一般土地密度可以加大3~3.5米。栽植时如果在有农家肥的条件下，土肥混合比例3∶1填入坑地踩实，栽植深度以苗木原地面水平略深6.5~10厘米。栽植的苗木过深会生长缓慢，但耐旱，栽植过浅会生长快，但不耐旱。栽植后有条件的地方可以浇一次水，没有水源条件，每株可浇水15~30千克。树盘浇水后埋平，树盘一圈高中间低，覆地膜最好，既保墒又增温，发芽早、生长快、能防草。

二、病虫害防治

春季在没有发芽前，椒树清园特别重要。椒园越冬病虫卵的共性是藏匿场所隐秘坚固、皮厚、常被蜡层包裹，活动性差。针对病虫这一特点，可用内吸传导渗透性强的杀虫剂、杀菌剂组合清园。灭杀越冬病虫效果十分显著，并且省工省时，对常年虫害防治效果显著。花椒特别爱生蚜虫，如发现园子有个别蚜虫，应立即防治，一旦泛滥防治很难。

第二节　花椒树结果大小年调整

花椒有大小年现象，一般情况下，果实成熟早的品种大小年现象不明显，成熟期晚的品种相对显著，其原因常是成熟期过后很快进入休眠期，树体难以积累足够的营养以满足来年开花坐果的需要，也难以发育出较多的饱满花芽。所以，在修剪时，歉收年适当少剪枝条，多留花芽，维持树势，争取来年高产；丰收年适当多剪枝条，少留花芽，加强后期管理，增加树体营养，促其形成较多的饱满花芽，为歉收年丰产打好基础。这样就可以慢慢减轻大小年之间的产量悬殊，逐年复壮树势，变歉收年为丰产年。

选择结果习性良好的品种栽植才是根治花椒大小年现象的有效办法。若已种植的优良品种出现大小年现象，其原因很多，其主要原因有：管理措施跟不上，营养条件恶化，使丰年未能形成足够数量的花芽，大年后结果出现小年，收获时折损了过多的果枝花芽，导致第二年产量下降。修剪方式不当，疏去了过多的花枝。所以，在花椒栽植中应注意以上问题。

花椒树适龄不结果的原因如下：

（1）花椒树抗寒性差，冬季低温新梢和根茎处易冻害，为控制徒长，促进枝条成熟，每年8月连续摘心，提高树体抗寒能力，冬前用湿草抱干基部培土防寒。

（2）花椒树生长期间要做好浇水、松土、防虫、施肥等工作，每年除草2~3次，天旱时浇水，浇水后浅耕保墒，秋季施好基肥，每树施有机肥 5~15 千克和草木灰少许，防治蚜虫、天牛等害虫，可喷 1500 倍吡虫啉或 100 倍敌敌畏防治。受冻的根茎，主干要用多菌灵 600~800 倍或甲托 1500 倍消毒杀菌。

（3）椒树花期遭晚霜后不结果，应做好防霜工作。

（4）做好整形修剪，花椒树可用单枝低干整形，定干 2~3 尺高，干上留 5~7 个主枝，每个主枝上着生 2~3 个侧枝。采收后修剪，疏除病虫枝、干枯枝、交叉枝、徒长枝，改善树冠光照，促使树势健壮、正常结果。如椒树生长过旺也不易结果，7 月份可断根，但不可超过树的三分之一。

花椒树的结果习性：花椒的芽可分为休眠芽、叶芽和混合芽三种。休眠芽寿命长，在一般情况下，极少萌发新枝，但萌芽力强，一旦遇到刺激，亦可萌发新枝。叶芽着生在叶腋或枝条的顶端，萌发形成发育枝或结果枝。混合芽萌发后开花结果，中、下部抽生 1~3 个健壮的短枝，次年，这些短枝也生枝、开花、结果，形成一束枝群，即椒爪。因此，无论采椒还是修剪，都要注意保护和处理好枝组，使其能够结出适量的果实，又能保持一定程度的生长势，防止衰老。一年生枝条，在营养条件良好的情况下，6 月初可萌发二次枝，且形成混合芽。

花椒一般栽植后第三年开花结果，5~6 年进入盛果期，直到 20~25 年之后开始衰老，寿命 40 多年。花椒在光照条件好、土壤疏松、肥活深厚的条件下结果好，果实品质优，在荫蔽情况下，结果不良，果实品质差。

第三节　花椒修剪技术

一、修剪时期

花椒的整形修剪，一般可分为冬季修剪和夏季修剪两种。从花椒树落叶后到翌年发芽前的一段时间内进行的修剪叫冬季修剪，也叫休眠期修剪。在花椒树生长季节进行的修剪叫夏季修剪，也叫生长期修剪。

在冬季，花椒树营养逐步从叶子转运到小枝内，回运到大枝继而运到骨干枝上，然后再由主干往根系运送。到了春天萌芽前，这些营养又向上述的反方向运至枝和芽内，供萌芽、开花之所需。

冬季修剪的绝大多数方法都是剪去一定数量的枝和芽，这些枝和芽所保留的养分也就随之而浪费了。为了减少养分的损耗，在养分由枝、芽向根系运送结束后，而没有来得及再由根、干运回至枝、芽之前的一段时间内进行修剪最为有利。实践证明，在1—2月进行修剪为最好。

冬季修剪大都有局部刺激生长的作用，因为剪去了一部分枝、芽，使去年积累的养分更为集中地运送到枝顶生长部分，而且分配的量也多，再加上输导组织的改善和运输道路的缩短，往往对剪口下的枝芽有明显的刺激作用。

二、修剪方法

因修剪的目的和时期不同而采用的方法也有所不同。花椒树主要在冬季休眠期进行修剪，此期树体的大部分养分已输送到骨干枝和根部贮藏起来，修剪损失养分最少。

通常多采用短截、疏剪、缩剪、甩放等方法。另外，夏季修剪可调节养分的分配运转，促进坐果和花芽分化。

夏季修剪使用的方法有开张角度、抹芽、除萌、疏枝、摘心、扭梢、拿枝、刻伤、环剥等，分别在不同情况下应用。花椒修剪的方法，常用的有以下几种：

1. 短截

短截是剪去一年生枝条的一部分，留下一部分，是花椒树修剪的重要方法之一，也叫短剪。短剪对枝条的局部刺激作用能使剪口下侧芽萌发，促进分枝。一般来说，截去的枝愈长，则发生的新枝也愈强壮。剪口芽愈壮，发出的新枝也愈强壮。短截依据剪留枝条的长短，常分为轻短截、中短截、重短截和极重短截。

（1）轻短截

剪去枝条的少部分，截后易形成较多的中、短枝，单枝生长较弱，但总生长量大，母枝加粗生长快，可缓和枝势。

（2）中短截

在枝条春梢中上部饱满芽处短截。截后易形成较多的中、长枝，成枝力高，单枝生长势较强。

（3）重短截

在枝条中、下部短截，截后在剪口易抽生1~2个旺枝，生长势较强，成枝力较低，总生长量较少。

（4）极重短截

截到枝条基部弱芽上，能萌发1~3个中短枝，成枝力低，生长势弱。有些对修剪反应比较敏感的品种，也能萌发旺枝。

短截的局部刺激作用受剪口芽的质量、花椒树的发枝力、枝条所处的位置（直立、平斜、下垂）等因素的影响。在秋梢基部或"轮痕"处短截，以弱芽当头的，虽处于顶端，一般也不会生弱枝。直立枝处于生长优势地位，短截容易抽生强旺枝；平斜、下垂枝的反应则较弱。对骨干枝连续多年中短截，由于形成发育枝多，促进母枝输导组织发育，能培养成比较坚固的骨架。

短截在一般情况下不利于花芽形成，但对弱树的弱枝进行适度的短截，由于营养条件的改善，会有利于花芽形成。在某些情况下，对成串的腋花芽枝进行短截还可提高坐果率。

生长季节摘去新梢顶端幼嫩部分的措施叫摘心。从广义上讲，摘心也属于短截的范畴。新梢旺长期摘心，可促进花芽分化；生理落果前摘心，可提高坐果率；坐果后摘心能促使果实膨大，提早成熟，并可提高果实的品质。对徒长枝多次摘心，可使枝芽充实健壮，提高越冬能力。

2. 疏剪

又叫疏枝，是一种把枝条从基部剪除的修剪方法。疏剪造成的伤口，对营养物质运输起阻碍作用，而伤口以下枝条得到根部的供应相对增强，有利于促进生长。

疏剪时由于疏除树冠中的枯死枝、病虫枝、交叉枝、重叠枝、竞争枝、徒长枝、过密枝等无保留价值的枝条，可节省营养，改善通风透光条件，平衡骨干枝的长势，还可控前促后，复壮内膛枝组，延长后部枝组的寿命，增强光合作用的能力，有利花芽形成。所以，在生产实践中，常采用疏弱留强的集中修剪方法，使养分相对集中，增强树势，强壮枝组，提高枝条的发育质量，取得增产的效果。

疏剪对母枝有削弱作用，能减少树体总生长量。因此，可用疏去旺枝的方法，削弱辅养枝，以促其形成花芽，对强枝进行疏剪，减少枝量，调节枝条间的平衡关系。大年疏剪果枝，调节生长和结果关系，有利于防止大小年。

疏除大枝时，要分年逐步疏除，切忌一次疏除过多，造成大量伤口，特别是不要形成"对口伤"，以免过分削弱树势及枝条生长势。疏枝时要从基部疏除，这样易愈合，如截留过长，则会形成残桩，不易愈合，并能引起腐烂，或引起潜伏芽发出大量徒长枝。

3. 缩剪

一般是指多年生枝短截到分枝处的剪法，也叫回缩。缩剪的作用，常因缩剪的部位、剪口的大小和枝的生长情况不同而异。一般来说，缩剪可以降低先端优势的位置，改变延长枝的方向，改善通风透光条件，控制树冠的扩大。缩剪能缩短枝条长度，减少枝芽量及母枝总生长量。缩剪的剪口小，当剪口枝比较粗壮时，能使剪口枝的生长加强。剪口大，剪去的部分多，则使剪口枝的生长削弱，而使剪口下第二、第三枝增强。因此，对骨干枝在多年生部位缩剪时，要注意留辅养桩，以免削弱剪口枝，使下部枝转强。

4. 甩放

又叫缓放、长放，对一年生枝不剪叫"长放"。不论是长枝还是中枝，与短截相比，甩放都有缓和新梢生长势和减低成枝力的作用。长枝甩放后，枝条的增粗现象特别明显，而且发生的中、短枝数量多。

幼树上斜生、水平、下垂的枝甩放后，成枝很差，而萌芽较多。而骨干枝背上的强壮直立枝甩放后，易出现"树上长树"现象，易给树形带来干扰，反而妨碍花芽形成。所以，此类枝一般不甩放。甩放的效果，有时连续数年才能表现出来。

第七章 核桃管理技术

第一节 核桃园冬季管理
（12月至翌年2月）

进入冬季，各种果树进入休眠期，抓好果树的冬季管理，对于果树的安全越冬及提高来年产量、质量是十分重要的。它既影响第二年果树开花坐果、树体生长、产量高低甚至品质的好坏，又关系到越冬病虫害的发生为害程度。因此，必须仔细抓好每一个技术环节。

一、冬季整形修剪

1. 幼龄核桃园的整形修剪

（1）整形

①定干

树干的高低与其生长结实、栽培管理、间作等关系极大，应根据核桃树的品种、生长发育的特点、栽培条件和栽培方式等因地因树而定。晚实核桃结果晚、树体高大，主干留得高些，一般可留 2 米以上；如果考虑到果材兼用，干高可达 3 米以上。早实核桃干高可留 0.8~1.2 米；早期密植丰产园干高可定为 0.3~1.0 米。

晚实核桃在 3~4 年生时，树高可达 2 米以上。在春季萌芽后，在定干高度的上方选留一个壮芽或健壮的枝条，选作第一个主枝，并将该枝或萌发芽以下的枝芽全部剪除。对于分枝力强的品种，只要栽培条件较好，也可采用短截的方法定干。如果栽培条件差，树势弱，采用短截法定干，容易形成开心形，故弱树定干不宜采用短截法。

早实核桃在正常情况下，2 年生开始分枝并开花结实，每年高生长可达 0.6~1.2 米。其定干方法可在定植当年发芽后，进行抹芽作业，即定干高度以下的侧芽全部抹去。遇有顶芽坏死时，可选留靠近顶芽的健壮侧芽，使之向上生长，到定干高度以上时再进行定干。定干选留主枝的方法同晚实核桃。

②培养树形

核桃树形以自然半圆形或圆头形为好，这样可充分占有空间，能最大限度利用光能，并具有足够的承载能力。培养树形主要是要配备好各级骨干枝。核桃树的树体结构有两种基本形式：一种是有中央领导干的，由 6~7 个主枝构成；另一种是无中央领导干的，由 2~4 个主枝构成。两种树形简单培养过程如下：

A. 中央领导干的树形，也称疏散分层形，有 6~7 个主枝，分 2~3 层配置。

第一步：定干当年或第二年，在中央领导干定干高度以上，选留 3 个不同方位、生长健壮的枝或已萌发的壮芽，培养为第一层主枝，层内距离不小于20厘米。当第一层的主枝或芽确定后，除保留中央领导干延长枝或芽以外，其余枝、芽全部剪除或抹掉。

第二步：晚实核桃5~6年生、早实核桃4~5年生，在一、二层主枝间距（早实核桃60厘米、晚实核桃80~100厘米）以上已有壮枝时，可选留第二层主枝，一般为1~2个。同时在第一层主枝上选留侧枝，晚实核桃第一个侧枝距主枝的基部的长度为60~80厘米，早实核桃为40~50厘米。各主枝间的侧枝方向要互相错开，避免交叉，数量以12个为宜。

如果只留两层主枝，则第二层与第一层主枝间的距离要加大。晚实核桃要在2米左右，早实核桃要在1.5米左右。并在第二层主枝上适当部位落头开心。

第三步：晚实核桃6~7年生、早实核桃5~6年生，继续培养第一层主、侧枝和选留第二层主枝上的侧枝。由于第二层与第三层的间距要求大一些，可延迟选留第三层主枝。

第四步：晚实核桃和早实核桃幼树7~8年生时，除继续培养各层主枝上的各级侧枝外，开始选留第三层主枝1~2个。晚实核桃第三层与第二层的间距为2米左右，早实核桃为1.5米左右。并从最上一个主枝的上方落头开心。

在选留和培养主、侧枝的过程中，对于晚实核桃要注意促其增加分枝，以培养结果枝和结果枝组。早实核桃要控制和利用好二次枝，防止结果枝组的迅速外移。同时还要经常及时剪除主干、主枝、侧枝上的萌蘖、过密枝、重叠枝、细弱枝和病虫枝等。

B. 自然开心形树形的培养，一般有2~4个主枝。

第一步：晚实核桃3~4年生，早实核桃3年生，在定干高度以上留出 3~4 个芽的整形带。在整形带内按不同方位选留 2~4 个枝条或已萌发的壮芽作为主枝。各主枝基部垂直距离一般为 20~40 厘米。主枝可一次选留，也可分两次选定。

第二步：晚实核桃 4~5 年生，早实核桃 4 年生，各主枝选定后，开始选留一级侧枝，侧枝可适当多留，一般每个主枝留 3 个侧枝左右。晚实核桃第一侧枝距主干的距离为 0.8~1.0 米，早实核桃为 0.6 米。

第三步：晚实核桃 6~7 年生，早实核桃 5 年生，开始在第一主枝一级侧枝上选留二级侧枝 1~2 个；第二主枝的一级侧枝 2~3 个。第二主枝上的侧枝与第一主枝上的侧枝间距为：晚实核桃 1.0~1.5 米，早实核桃 0.8 米左右。

（2）修剪

幼龄核桃树的修剪是在整形的基础上，继续培养和维持丰产树形的重要措施。它可调节树体营养物质的分配，解决营养生长和结果的矛盾。

①修剪内容和方法

由于早实和晚实两大类群的幼龄阶段的生长发育特点各不相同，因而在修剪的方法上也不相同。

A. 早实核桃

二年生开始结果，分枝力强，抽生二次枝，且能萌发徒长枝等。这都是区别于晚实核桃的重要性。因此在修剪内容上除培养好主、侧枝以外，还应注意控制二次枝和利用好徒长枝，疏除过密枝，处理好背下枝。

a. 控制二次枝

由于二次枝抽生较晚，生长旺，组织不充实，在北方冬季容易失水而造成"抽条"。如果任其自然生长，虽能增加分枝、提高产量，但却容易使结果部位外移，干扰良好树形的形成。对二次枝的控制方法主要有：第一，剪除二次枝。在二次枝未木质化前，将无用的二次枝从基部剪除。剪除对象主要是生长过旺造成树冠郁闭的二次枝。第二，疏去多余的二次枝。凡在一个结果枝上抽生 3 个以上的二次枝，可在早期选留 1~2 个健壮枝条，其余都疏去。在夏季，如果生长过旺，可通过摘心控制基向外延伸。第三，如果一个结果枝只抽生一个二次枝，且长势很强，可在夏季短截，使其分枝。

b. 利用徒长枝

早实核桃结果早、分枝多，若管理不善，结果部位极易外移。早实核桃徒长枝突出的特点是第二年都能抽枝结果。通过夏季摘心或短截和春季短截等方法，将其培养成结果枝组，以充实树冠空间，更新衰弱的结果枝组。

c. 疏去过密枝

早实核桃枝量大，容易造成树冠内部的枝条过密，不利于通风透光。因此，要本着去弱留强的原则，随时疏去过密的枝条。疏枝时，要紧贴枝条基部，不要留橛。

d. 处理好背下枝

此类枝条多着生在母枝先端的背下。春季萌发早，生长旺盛，容易使原枝头变弱，甚至造成原枝头枯死。处理方法一般是在萌芽后或枝条伸长初期剪除。如果原母枝变弱或分枝角度小，可利用背上枝代替原枝头，将原枝头剪除或培养成结果枝组。

B. 晚实核桃

晚实核桃的生长发育特点是 3~4 年生才开始少量分枝，8~10

年开始结果。因此，对于晚实核桃幼树的修剪除培养树形外，还应通过修剪达到促进分枝、提早结果的目的。其修剪内容如下：

a. 短截发育枝

晚实核桃在未开花结果以前，抽生的枝条均为发育枝。将发育枝进行短截是增加枝量的有效方法。短截的对象主要是一级和二级侧枝上抽生的生长旺盛的发育枝。一株树上短截枝的数量不要过多，平均为总枝量的1/3，而且在树冠内分布要均匀。短截的方法有中度短截和轻度短截。枝条较长时，进行中度短截（截去枝条长度的1/2）；枝条较短时，进行轻度短截（截去枝条长度1/3～1/4）。重短截不宜采用。

b. 剪除背下枝

晚实核桃的背下枝长势更强。为了保证主、侧枝原枝头的正常生长和促进其他枝条的发育，在背下枝抽生的初期，即可从基部剪除。

②修剪时期

由于核桃树在休眠期修剪有"伤流"现象，为了避免"伤流"对树体的损伤，核桃树的修剪一般在春节萌芽后或秋季落叶前无伤流期进行。夏剪是指对生长过旺的枝条进行摘心或短截，对生长过密的枝条进行适度疏去。

2. 盛果期核桃园的整形修剪

处于结果盛期的核桃园，树冠大都接近郁闭或已经郁闭，树冠骨架已经基本形成和稳定。这时修剪的主要任务是调整营养生长和生殖生长的关系，不断改善树冠内的通风透光条件，不断更新结果枝，以保持稳定的长势和产量。

结果盛期的核桃树的修剪，应根据品种特性、栽培方式、栽培条件和树势发育状况的不同采取相应的修剪措施。

（1）早实核桃

进入结果盛期以后，树冠扩大明显减弱，特别是二次枝的抽生数量不仅减少而且长势减弱，有的不再抽生二次枝。结果枝的枯死更替现象明显，徒长枝也时有发生。因此修剪时要注意以下几点：

①疏枝

早实核桃的侧生枝结果枝率较高。为了使养分集中，应及时把长度在6厘米以下，粗度在0.8厘米以下的弱枝疏除。这类枝坐果率较低。

②回缩

利用和培养徒长枝。当结果枝组明显减弱或出现枝死时，可通过回缩使其萌发徒长枝，再轻度短截，可发出3~4个结果枝，很快形成结果枝组。

③二次枝处理

方法与幼龄阶段基本相同。重点是防止结果部位迅速外移。对树冠外围生长旺盛的二次枝进行短截或疏除。

④清理无用枝

主要是疏除树膛内过密、重叠、交叉、细弱、病虫和干枯枝。

（2）晚实核桃

由于树冠外围枝量不断增多，树冠内膛通风透光不良，因而应注意疏除树冠内膛的密集的细弱枝，必要时还得疏除一些过密的或生长部位不当的大枝。具体的修剪方法如下：

①调整骨干枝和外围枝

晚实核桃随树龄增长，树冠不断扩大，结实量逐渐增多，大型骨干枝常出现下垂现象，外围枝伸展过长，下垂得更为严重。对于延伸过长、长势较弱的骨干枝，可在有斜上生长侧枝的前部进行回缩。对树冠外围过长的枝条，可视情况进行短截或疏除。

②结果枝组的培养与修剪

进入结果期后，除继续对结果枝组进行培养与利用外，还应进行复壮更新，保证其正常生长和结实，防止结果部位外移。其方法是：对二、三年生的小枝组，采取去弱留强的办法，不断扩大营养面积，增加结果枝数量。当生长到占满空间时，则应去掉强枝、弱枝，保留中庸枝，促使形成较多的结果母枝。正常健壮的小枝组可不进行修剪。如果小枝组已无结果能力，可一次疏除。对长势已弱的中型枝组，应利用回缩的方法加以复壮，促使枝组内的分枝交替结果。有些枝条长势过旺，也可通过去强留弱加以控制。对于大型枝组，要注意控制其高度和长度，以防"树上长树"。

③辅养枝的利用和修剪

凡着生在主、侧枝上，能够补充空间，辅助主、侧枝生长的枝条，称为辅养枝。多数辅养枝是临时性的。对辅养枝的修剪应掌握以下几点：

A. 辅养枝的去留，应在有利于主、侧枝的生长为原则。

B. 辅养枝应小且短于邻近的主、侧枝，不留延长枝。长势过强时，应采取去强留弱，或者回缩到下部适当分枝外的办法。

C. 留作结果的辅养枝，应占有一定的空间。可短截枝头，改造成大、中型结果枝组；如果空间较大，还可适当延伸，但不能影响主枝和各级侧枝的生长。

④背后下枝的处理

晚实核桃的枝条，普遍存在背下枝强旺和"夺头"现象。对背下枝要及时处理或剪除。如果背下枝长势中庸，并已形成混合芽，则可保留结果；如果生长健壮，结果后右在适当部位回缩，培养成小型结果枝组。

⑤徒长枝的利用

进入结果盛期的晚实核桃树很少发生徒长枝，只有当各级骨干枝受到刺激，才可能由其潜伏芽萌发出徒长枝，常造成树膛内部枝条紊乱。处理方法可视树冠内部枝条的分布情况而定：如果内膛枝条比较密集，影响枝组正常生长时，可将徒长枝从基部剪除；如果徒长枝附近空间较大，或其附近结果枝组已明显衰弱，则可利用徒长枝培养成结果枝组。

3. 衰老园的更新修剪

在通常情况下，早实核桃 40~60 年、晚实核桃 80~100 年以后进入衰老阶段，常出现枝条枯死、结实量减少和主干腐朽等现象。为了恢复和保持其较强的结实能力，延长其经济寿命，对衰老园进行有计划的更新复壮是非常必要的。对衰老园进行更新修剪的方法主要有：

（1）主干更新

就是将主枝全部锯掉，使其重新发枝并形成主枝。具体做法有两种情况：其一，对于主干过高的植株，可从主干的适当部位将树冠全部锯掉，使其在保留的主干锯口附近发枝，从中选留 2~4 个方向合适、生长健壮的枝条培养成主枝；其二，对于主干高度适宜的开心形植株，可从每个主枝的基部锯掉；如果是主干形，可先从第一层主枝的上部将树冠锯掉，使其在锯口附近发枝。

（2）主枝更新

就是将主枝在适当的部位进行回缩，使其形成新的侧枝。具体做法是：选择健壮的主枝，保留 50~100 厘米长的主枝，把其余部分锯掉，使其在锯口附近发枝。发枝后，每个主枝上选留不同方位的 2~3 个健壮的枝条，培养成为一级侧枝。

（3）侧枝更新

就是将一级侧枝在适当的部位进行回缩，使其形成新的二级侧枝。具体做法是：在计划保留的每个主枝上，选择 2~3 个健壮、分布均匀的侧枝，从距主枝 50 厘米的部位锯断，然后再将主枝延长枝从保留的最上部的侧枝以上 100 厘米处短截，促使各剪口附近发生新枝，再从中选留。也可选择明显衰弱的侧枝或大型结果枝进行回缩，促其发新枝。对枯梢枝也要进行重剪，促其从基部发新枝，以代替原枝头。

二、树体保护及预防幼树抽条

由于核桃幼树枝条髓心大，水分多，抗寒性差，在北方比较寒冷的地区容易遭受冻害，造成枝条干枯。因此，应做好幼树的防寒和防抽条的工作。方法有：

1. 埋土防寒

在冬季土壤封冻前，把幼树轻轻弯倒，使顶部接触地面，然后用土埋上，埋土的深度视各地的气候条件而定，一般为 20~40 厘米。待第二年春季土壤解冻后，及时撤去防寒土，把幼树扶直。此法简便易行且效果良好。

2. 培土防寒

对于粗矮的幼树，如果弯倒有困难时，可在树干周围培土，最好将当年的枝条培严或用编织袋装土封严。幼树较高或树冠较大时不宜用此法。

3. 双层缠裹枝条保护法

3~4年生的核桃树已不能埋土越冬，在综合管理的基础上采用卫生纸缠裹一年生枝条，然后再用地膜缠裹。采用双层缠裹法可减少幼树抽梢。尤其对于高接改优的树，新梢当年越冬完好，此种方法值得推广。

4. 涂白防寒

早春昼夜温差大的地方，枝干因长时间的昼融夜冻的影响，阳面的皮层容易坏死干裂，严重影响幼树的生长，采用涂白防寒可取得良好的效果。涂白剂的配制按生石灰、石硫合剂原液、食盐、水、豆汁10∶2∶2∶36∶2混匀，再加入适量的黏着剂等制成，于结冻前涂抹。也可用石硫合剂的残渣涂抹。

三、病虫害防治

冬季果树进入休眠期，为害果树的各种病虫以不同形式进入越冬期，潜伏场所一般固定而集中，抓好这一时期的病虫防治，会给来年的病虫防治打下良好的基础，对减轻果园全年病虫危害可收到事半功倍的效果。主要的工作有：

1. 深翻果园

果园深翻应在初冬接近封冻时期进行，即把表层土壤、落叶和杂草等翻埋到下层，同时把底土翻到上面，翻园的深度以25~30厘米为宜。经过翻园，既可以破坏病虫的越冬场所，把害虫翻到地表上杀死、冻死或被鸟和其他天敌吃掉，减少害虫越冬数量；又可疏松土壤，利于果树根系生长。

2. 彻底清园

许多为害果树的病菌和害虫常在枯枝、落叶、病僵果和杂草中越冬。因此，冬季要彻底清扫果园中的枯枝落叶、病僵果和杂草，集中烧毁或堆集起来沤制肥料，可降低病菌和害虫越冬数量，减轻来年病虫害的发生。

3. 刮皮除害

各种病菌和害虫大都是在果树的粗皮、翘皮、裂缝及病瘤中越冬。进入冬季，要刮除果树枝、干的翘皮、病皮、病斑和介壳虫体等，可直接除掉一部分病菌和害虫。同时，将刮下的树皮集中烧掉，刮后用石硫合剂消毒。

4. 剪除病虫枝

结合冬季修剪去病虫枯枝，摘除病僵果，集中烧毁，可以消灭在枝干上越冬的病菌、害虫。

5. 树干涂白

大树干上涂上涂白剂，既可以杀死多种病菌和害虫，防止病虫害侵染树干，又能预防冻害。

6. 绑把诱虫

入冬时，在果树上绑上草把，引诱害虫到草把上产卵或越冬。入冬后再把草取下集中烧掉，可把草把中冬眠的害虫杀灭。

第二节　核桃园春季管理（3—5月）

主要工作内容包括：核桃苗木的培育、劣质树的高接改优、整形修剪、土肥水管理、病虫害防治、晚霜防治等。

一、整形修剪

春季萌芽展叶以后，此时核桃伤流很少，可以对核桃树修剪，修剪的对象主要是生长旺盛的幼树或冬季遗留未来得及修剪的核桃树。对于生长衰弱或中庸的树最好采用夏季修剪和秋季落叶前修剪。

二、花果管理措施

花果管理措施包括疏果和保花保果。核桃的花芽是结果的物质基础，因此，适时做好保花保果和疏花疏果，使其合理结果，避免结果过多或过少，是使核桃树年年丰产、稳产、优质的重要措施之一。

保花保果与疏花疏果都是为了同一个目的——"保"。前者是直接"保"，后者是用"疏"的手段来达到"保"的目的。

1. 保花保果

（1）多留花芽

对于花芽少的"小年树"和强旺树，要尽量保留花芽和幼果，必要时"见花芽就留"，使其多结果、坐稳果、结大果，以提高产量。因此在修剪时不要过分强调树形而剪除过多的花芽。

（2）花期喷硼

硼是果树不可缺少的微量元素，它能促进花粉发芽、花粉管生长、子房发育、提高坐果率和增进果实品质，因此，在盛花期细致地对花朵喷一次300~350倍硼砂加蜂蜜或红糖水，除可满足树体所需要的硼元素外，还可增加柱头黏液，使花粉粒吸收更多的水分和养分，从而提高受精率和坐果率。注意硼砂不溶于凉水而溶于开水，所以硼砂在喷前要先用开水溶化后，再兑凉水喷施。

2. 疏花疏果

（1）疏花疏果的原理

花芽过多的树，如留花芽过多，就会因树体积累的养分足而迫使花朵或幼果互相争夺养分，从而出现大量的无效花和自疏果，或成为"满树花，半树果"，既白耗养分，又不能丰产。因此，对开花过多的树进行适量的疏花疏果，控制花果数量，就能减少养分的无效消耗，增加有效花，提高坐果率，且又协调了后期生殖生长和营养生长的矛盾。这样，可以有充足的养分来供给树体生长和花芽分化，使结果、长树、成花三不误，树势稳定，年年丰产稳产，能有效克服"大小年"结果现象。

要达到这个目的，关键在于留花留果是不是适量。因为产量和留果呈正相关，所以留花留果量一定要恰到好处。如留得过多，则果多个小，单果轻，品质差，增果不增产更不增值；留得过少，果个虽大，单果也重，但个数太少，也不能提高产量。一般按"十成花，对半果"的比例留花。

（2）疏花疏果的原则

按树定产，按枝定量，按量留花，花多多疏，花少少疏或不疏，使留花留果尽量合理；弱树多疏，壮树少疏，因枝定量，合理负担，以抑强扶弱；幼壮枝组少疏，老产枝组多疏，使之年年有花、年年有果、年年有枝。

（3）疏花疏果的方法

①人工疏除

花的疏除：多疏细弱果枝上的雌花。核桃的雄花序含花粉量大，且是柔荑花序和风媒花，花粉轻而飞扬远，应疏除70%左右的雄花序。疏时应多疏细短花序，多留粗长花序。

果的疏除：多疏双果或密生部位或细弱果枝上的果。

②药剂疏除

大面积的果园，在盛花期喷布一次1000倍液二硝磷甲粉或2500倍液萘乙酸，或0.4~0.5波美度石硫合剂。

③疏除时间

疏花疏果均不宜迟，过迟既增多前期养分的无效消耗，又影响果实发育，起不到应有的作用。因此，疏花宜在盛花期，疏果宜在落花后半个月。

疏花疏果要因地因园树而定，不要生搬硬套、株株一个样，要留有余地，不要疏过头。有晚霜冻害的地区和病虫严重的果园，其留花留果量应比实际需留量多30%~40%，待坐稳果后再行疏果，以便弥补冻害或病虫为害造成的损失。

④留果量

留果量一般根据复叶多少或果枝粗度来确定。一般着双果的结果枝需要有5~6片以上正常复叶，才能保证枝条和果实正常发育。具1~2片复叶的果枝，难于形成花芽，即使结果，果实也发育不良，这样果枝上的果应疏除。核桃是强枝壮枝结果，粗度 1.0 厘米以上一般能坐果 2~3 个；粗度在 0.8~1.0 厘米可坐果 1~2 个；粗度在 0.7 厘米以下的果枝几乎坐不住果。

三、土肥水管理

1. 土壤管理

土壤解冻后，应对核桃园进行一次全面的浅翻，深度 10~20 厘米为宜。浅翻一方面可以疏松增墒，另一方面可以消灭土壤越冬害虫。

2. 施肥

主要进行全年第一次追肥，主要追施速效的化肥，尤其是氮肥。追肥是在核桃需肥的关键时期或者为了调节生长和结果关系时应用，是对基肥不足的一种补充。追肥主要是在树体生长期进行，以保证核桃当年丰产和健壮生长。根据核桃幼树生长及结果特点，春季追肥可以冠下挖穴状坑或辐射状沟施入，时间可在以下两个时期进行。

（1）开花前

此期正值根系第一次生长期和萌芽开花所需养分竞争期。此期追肥有利于促进生长，减少落花，提高坐果率。这次追施主要以速效性氮肥为主，可追施硫酸铵、硝酸铵、尿素等，时间是 3 月下旬，追肥量为全年追肥量的 50%。

（2）开花后

主要作用是减少落果，促进幼果的迅速膨大和新梢生长，以及为花芽分化作准备。追肥种类以速效性氮肥为主，同时应增施适量磷、钾肥，追肥量占全年追肥量的 30%。

3. 灌水

大核桃生长期间，几乎一切活动，如光合作用、蒸腾作用及养分的吸收和转化等都需要水。在一般情况下，年降雨量达到600~700毫米，而且分布均匀的，基本上可以满足生长发育的需要。如果降水不足，或者水分分布不均，那就需要通过灌溉加以补充。虽然核桃的耐旱性较强，但在田间最大持水量低于60％时，易出现萎蔫现象。在山地有许多所谓的"小老树"，其原因之一就是缺少肥和水。所以，无论幼树或大树，都要注意土壤水分的调节。

灌水时期：在早春核桃萌动前后要进行一次灌水，因为在芽萌动前后一个月的时间内，要完成芽的萌动、展叶、开花及新梢抽长等复杂过程。而这个时期，北方地区正是春旱季节，抓好萌动以前的早春灌，对于促进前期生长极为有利，同时还可防止春寒、晚霜的危害。

四、病虫害防治

随着春季气温的升高，各种果树病虫害都将陆续出蛰活动，为害作物，孕育后代。为有效防止各种病虫害的周年发生，春季防治虫害极为重要。果农通常重视果树生长期的病虫害防治，往往忽视春季萌发期的病虫害防治。春季果树萌发前虫害、病菌发生地点比较集中，蔓延传播的危险性低。抓住这个有利时机，结合栽培措施搞好果树病虫害防治，可以将生长期虫害、病情指数压得很低，起到事半功倍的效果。

1. 搞好果园卫生

许多为害树体的病菌孢子、菌丝体和害虫的卵、幼虫、蛹等，常在果树的枯枝、落叶、病僵果和果园杂草中休眠,如核桃炭疽病、核桃腐烂病、核桃褐斑病、核桃黑斑病、螨类、介壳虫类、赤蛾类、核桃举肢蛾等。因此,彻底清园,清除枯枝落叶、落果,铲除杂草,及时集中烧毁或深埋,是减少虫源、病源效果较好的措施。

(1)涂白

结果树涂白可减轻日灼、冻害等危害,延迟萌芽和开花,兼治树干病虫害。涂白剂的配制按生石灰∶石流合剂原液∶食盐∶水∶豆汁以10∶2∶2∶36∶2混匀,可加少量杀虫剂以增强杀虫效果。涂白以两次为好,第一次在落叶后到土壤结冻前,第二次在早春。涂白部位应以主干为主,不可将全树涂白,以免造成开春烧芽。

(2)加强肥水管理

在休眠期尤其初春季节要加强肥水管理,以增强生长期树势,发挥树体自然调控能力,合理施肥。

(3)耕翻

许多果树害虫的蛹、成虫在土壤中越冬,结合开春施基肥对园土进行深翻,可以将害虫的大部分蛹、茧和成虫埋入深土中或者翻到地表,并可将土表带病虫的杂草、落叶、病果翻入土层深处。果园在耕翻后多施腐熟的有机肥,利于改良土壤,促进根系发展,提高防病抗虫能力。

(4)药剂防治

在果树萌芽前,全面喷洒一次农药可以防止生长期常发生的一些病虫害大发生。如全树喷洒一次3~5波美度石硫合剂。可有效防治核桃黑斑病、红蜘蛛、草履蚧等虫害的发生。

1. 春季园内常见的病虫害

（1）大灰象甲（别名象鼻虫、土拉驴）

【危害】

主要以成虫为害。成虫取食核桃的嫩芽和幼叶，轻者把叶片食成缺刻或孔洞，重者把芽、叶、嫩梢吃光，造成二次萌芽。

【形态特征】

成虫：体粗肥，长约9～12毫米，灰黄或灰黑色。前胸背板中央黑褐色，两侧略凸，中间最宽。小盾板半圆形，中央有1条纵沟。鞘翅卵圆形，末端尖锐，刻点宽而深，刻点明显，长1毫米，宽0.4毫米。初产时乳白色，两端半透明，近孵化时乳黄色。幼虫：老熟幼虫体长约14毫，乳白色，头部米黄色。蛹长9～10毫米，长椭圆形，乳白色，复眼褐色。

【发生规律】

两年1代，第一年以幼虫越冬，第二年以成虫越冬。成虫不能飞，4月上中旬从土内钻出，群集于幼苗取食。5月中下旬开始产卵，成块产于叶片，6月下旬陆续孵化。幼虫期生活于土内，取食腐殖质和须根，对幼苗为害不大。随温度下降，幼虫下移，9月下旬达60～100厘米土深处，筑土室越冬幼虫上升表土层继续取食，6月下旬开始化蛹，7月中旬羽化为成虫，在原地越冬。

【防治方法】

①4月上中旬当成虫发生盛期时，于傍晚及时喷洒1%绿色威雷2号微胶囊水悬剂200倍液，或25%灭幼脲Ⅲ号胶悬剂1500倍液，或烟·参碱1000倍液。

②利用该虫群集性和假死性于9时前或16时后，人工捕捉捕杀

成虫。

(2) 金龟子类

常见的有铜绿金龟子等，幼虫均称蛴螬。

【危害】

蛴螬一般生活于土中，啃食植物根和块茎或幼苗等地下部分，为主要的地下害虫。成虫则取食核桃嫩芽、嫩枝、叶片和花柄等。成虫常早、晚活动，但在傍晚至早上10时咬食最盛。影响树势及产量，有趋光性。成虫为害期为3月下旬至5月下旬。

【形态特征】

①铜绿金龟子

成虫体长18~21毫米，宽8~10毫米。背面铜绿色，有光泽，前胸背板两侧为黄色。鞘翅有栗色反光，并有3条纵纹突起。雄虫腹面深棕褐色，雌虫腹面为淡黄褐色。卵为圆形，乳白色。幼虫称蛴螬，乳白色，体肥，并向腹面弯成"C"形，有胸足3对，头部为褐色。

②暗黑金龟子

成虫体长18~22毫米，宽8~9毫米，暗黑褐色无光泽。鞘翅上有3条纵隆起线。翅上及腹部有短小蓝灰绒毛，鞘翅上有4条不明显的纵线。

【发生规律】

①铜绿金龟子

一年1代。以幼虫在土壤内越冬。翌年5月上旬成虫出现，5月下旬达到高峰。黄昏时上树为害，半夜后即陆续离去，潜入草丛或松土中，并在土壤中产卵。成虫有群集性、假死性、趋光性，在闷热无风的夜晚为害最烈。

②暗黑金龟子

一年1代。以幼虫和成虫在土壤内越冬。翌年4月成虫开始出土，下旬出现第一次小高峰，6月下旬是最高峰。活动和为害习性同铜绿金龟子。

【防治方法】

①成虫发生期，用堆火或黑光灯诱杀；或利用其假死习性，每天清晨或夜晚，人工震落捕杀；或全园挂频振式杀虫灯。

②树冠喷洒忌避剂：硫酸铜1千克、生石灰2~3千克、水160千克。

③成虫羽化盛期和产卵期，地面喷洒天杀星500~800倍液。

④发生严重时，可以喷施1%绿色威雷2号微胶囊水悬剂200倍液，或25%灭幼脲Ⅲ号胶悬剂1500倍液，或烟·参碱1000倍液。

（3）草履介壳虫（别名草鞋介壳虫、柿裸介壳虫）

【危害】

若虫喜欢在隐蔽处群集为害，尤其喜欢在嫩枝、芽等处吸食汁液。致使树势衰弱，甚至枝条枯死，影响产量。一般3日龄前不太活跃，3日后行动比较活泼。被害枝干上有一层黑霉，受害越重，黑霉越多。

【发生规律】

该虫一年发生1代。以卵在树冠下土块、裂缝及烂草中越冬。一般2月上中旬开始孵化为若虫，上树为害，雄虫老熟后即下树，潜伏在土块、裂缝中化蛹。雌虫在树上继续为害到5~6月，待雄虫羽化后飞到树上交配，交配完成后雄虫死亡，雌虫下树钻入土中、裂缝或烂草中产卵，而后逐渐干缩死亡。

【防治时期】

2~3月份卵孵化后至若虫上树。4月份树萌芽前后。

【防治方法】

①若虫上树前在树干涂10~15厘米宽的粘胶带（机油1份、沥青1份，加热溶化后涂抹），树下根颈部表土喷6%的柴油乳剂。

②萌芽前树上喷3~5波美度石硫合剂。若虫上树初期，用0.5%果圣水剂（苦参碱和烟碱为主的多种生物碱复配而成的广谱、高效杀虫杀螨剂）或1.1%烟百素乳油（烟碱、百部碱和楝素复配剂），也能收到一定效果。

③保护好黑缘红瓢虫、暗红瓢虫等天敌。

（4）核桃黑斑病

核桃黑斑病又名核桃细菌性黑斑病、核桃黑、黑腐病。病菌一般在枝梢或芽内越冬，翌春泌出细菌液，借风雨传播，主要危害幼果、叶片、嫩枝。

【危害】

危害核桃叶、新梢、果实。在嫩叶上病斑褐色，多角形，在较老叶上病斑呈圆形，中央灰褐色，边缘褐色，有时外围有黄色晕圈，中央灰褐色部分有时形成穿孔，严重时病斑互相连接。

有时叶柄上亦出现病斑。枝梢上病斑长形，褐色，稍凹陷，严重时病斑包围枝条使上部枯死。

果实受害时表皮初现小而稍隆起的褐色软斑，后迅速扩大渐凹陷变黑，外围有水渍状晕纹，严重时果仁变黑腐烂。老果受侵只达外果皮。

【防治措施】

①选择抗病品种、合理栽植密度及合理整形修剪,使树体结构合理,枝叶分布均匀,保持良好的通风透光条件。

②加强肥水管理,根施木美土里生物菌肥,增强树势,同时能有效抑制病菌复制扩散,增强抗病能力。

③越冬管理。及时剪除或清除病枝、病叶、病果,核桃采收后脱下的果皮要集中烧毁或深埋,减少越冬菌源。落叶后树干、树枝上涂抹噻霉酮、叶枯唑,阻碍病菌在树体上繁衍,保温、消毒、防霜冻。同时喷洒以上药剂(任选其一)进行全园消毒。

④病毒防治。对于有病变的树体,要及时地全园喷洒药剂加高脂膜,形成一层保护膜,增强药效,使用溃腐灵、农用链霉素进行全园喷施,杀灭病菌,营养树体。防止病菌借风雨传播。

⑤伤口管理。对于一些剪锯口、伤口要及时涂抹愈合剂或者国光膜泰,保护伤口,防止病菌侵入和雨水污染。及时防治核桃举肢蛾等害虫。采果时尽量少采用棍棒敲击,避免损伤枝条,减少伤口,也就减少病菌侵染的机会。

⑥药剂防治。发芽前3月上中旬仔细喷一遍3~5波美度石硫合剂。生长期掌握好三个喷药关键时机:第一,雄花开花前喷50%甲基托布津1500倍。第二,花后喷1:2:200倍波尔多液或者70%甲基托布津加农用硫酸链霉素,5—7月份每隔15天喷一次,可与乙蒜素、0.4%草酸铜交替使用,以防产生耐药性。第三,幼果期喷800倍大生 M-45600。

也可按照这个方案防治:分别在展叶(雌花出现之前)、落花后、幼果早期各喷1次600倍丙森锌、宁南霉素和中生菌素,可达到较好的防治效果。轻微发病时，叶喷 600 倍液宁南霉素或中生菌素稀释液，7～10 天用药一次。

（5）核桃腐烂病

【危害】

核桃腐烂病，又名黑水病。在山西、山东、四川等地均有发生，从幼树到大树均有受害。核桃进入结果期后，如栽培管理不当、缺肥少水、负荷太大、树势衰弱，腐烂病发生严重，会造成枝条枯死，结果能力下降，严重时引起整株死亡。

【病害症状】

核桃腐烂病主要为害枝干树皮，因树龄和感病部位不同，其病害症状也不同，大树干感病后，病斑初期隐藏在皮层内，俗称"湿囊皮"。有时多个病斑连片成大的斑块，周围聚集大量白色菌丝体，从皮层内溢出黑色粉液。发病后期，病斑可扩展到长达 20～30 厘米。树皮纵裂，沿树皮裂缝流出黑水（故称黑水病），干后发亮，好似刷了一层黑漆，幼树主干和侧枝受害后，病斑初期近于梭形，呈暗灰色，水渍状，微肿起，用手指按压病部会流出带泡沫的液体，有酒糟气味。病斑上散生许多黑色小点，即病菌的分生孢子器。当空气湿度大时，从小黑点内涌出橘红色胶质丝状物，为病菌的分生孢子角。病斑沿树干纵横方向发展，后期病斑皮层纵向开裂，流出大量黑水，当病斑环绕树干一周时，导致幼树侧枝或全株枯死。枝条受害主要发生在营养枝或 2～3 年生的侧枝上，感病部位逐渐失去绿色，皮层与木质剥离迅速失水。使整枝干枯，病斑上散生黑色小点的分生孢子器。

【发病规律】

核桃腐烂病是一种真菌（属球壳孢目）所致，在显微镜下，分生孢子器埋于木栓层下，多腔，形状不规则，黑褐色，有长颈。分生孢子单胞，无色，香蕉形。病菌以菌丝体及分生孢子器在病树上越冬。翌年早春树液流动时，病菌孢子借雨水、风力、昆虫等传播。从各类伤口浸入，逐渐扩展蔓延为害。在4至9月成熟的分生孢子器，每当空气湿度大时，陆续分泌出分生孢子角，产生大量的分生孢子，进行多次侵染为害，直至越冬前停止侵染。春秋两季为一年的发病高峰期，特别是在4月中旬至5月下旬为害最重。一般在核桃树管理粗放，土层瘠薄，排水不良，肥水不足，树势衰弱或遭受冻害及盐害的核桃树易感染此病。

【防治方法】

①选择好园地，加强栽培管理，提高树体营养水平，增强树势，提高抗病能力。

②随时检查，发现病斑随时刮治，刮后用果康宝5倍液涂抹2~3次，或木美土里菌肥与干净土1∶1混合和泥涂抹后包扎，或5次波美度石硫合剂抹消毒。

③冬前结合修剪，剪除病虫枝，刮除病皮病斑，集中烧毁，并进行树干涂白。

第三节　核桃园夏季管理（6—8月）

夏季是高温多雨季节，既是花芽形成的时期，也是幼果迅速膨大的时期，还是病虫多发且为害严重的时期。因此搞好果园夏季管理就显得极为必要。

一、果实管理

1. 果实发育

核桃雌花受粉后第15天合子开始分裂，经多次分裂形成鱼雷形胚后迅速分化出胚轴、胚根、子叶和胚芽。胚乳的发育先于合子分裂，但随着胚的发育，胚乳细胞均被吸收，故核桃成熟种子无胚乳。核桃从受精到坚果成熟需130天左右。据罗秀钧等在郑州地区的观察，依果实体积、重量增长及脂肪形成，将核桃果实发育过程分为以下四个时期。

（1）果实速长期

从5月初到6月初的30~35天，为果实迅速生长期。此期间果实的体积和重量迅速增加，体积达到成熟时的90%以上，重量达70%左右。5月7日至17日，纵、横径平均日增长可达1.3毫米；5月12日至22日，重量平均日增长2.2克。随着果实体积的迅速增长，胚囊不断扩大，核壳逐渐形成，但色白质嫩。

（2）硬核期

6月初至7月初，约35天左右，核壳自顶端向基部逐渐硬化，种核内隔膜和褶壁的弹性及硬度逐渐增加，壳面呈现刻纹，硬度加大，核仁逐渐呈白色、脆嫩。果实大小基本定型，营养物质迅速积累，6月11日至7月1日的20天出仁率由13.7%增加到24.0%，脂肪含量由6.91%增加到29.24%。

（3）油脂迅速转化期

7月上旬至8月下旬的50~55天，果实大小定型后，重量仍有增加，核仁不断充实饱满，出仁率由24.1%增加到46.8%，核仁含水率由 6.20% 下降到 2.95%，脂肪含量由 29.24% 增加到 63.09%，核仁风味由甜变香。

（4）果实成熟期

8月下旬到9月上旬，果实重量略有增长，总苞（青皮）的颜色由绿变黄，表面光亮无茸毛，部分总苞出现裂口，坚果容易剥出，表示已达充分成熟。

采收早晚对核桃坚果品质有很大影响（郗荣庭等，1983）。研究表明，过早采收严重降低坚果产量和种仁品质。

2. 落花落果

核桃落花落果比较严重，一般可达 50%～60%，严重者可达 80%～90%（量丽芬，1988）。西北农林科技大学在陕西洛南地区的调查表明，多数品种落花较轻、落果较重。落花多在末花期，花后 10～15 天幼果长到 1 厘米左右时开始落果，果径 2 厘米左右时达到高峰，到硬核期基本停止。侧生果枝落果通常多于顶生果枝。沈兆发（1985）认为，铁核桃有两次生理落果，第一次在 5 月上旬至中旬，第二次落果在 8 月下旬至 9 月上旬。

二、土肥水管理

夏季是核桃果实生长发育的关键时期，应抓好果园的肥水等的管理措施，为丰产丰收奠定基础。

1. 土壤管理

耕翻树盘：一般可在 6 月下旬至 7 月上旬进行，深度在 100 毫米左右为宜，切勿过深，以免伤害根系而引起落果。耕翻树盘的好处在于切断地表伏根及土壤毛细管，减少地表水分蒸发，增强土壤透

2. 追肥

5、6月份以后，果实迅速发育，花芽开始分化。果实发育的大小和花芽分化的质量和数量，在很大程度上取于养分的消耗和积累是否平衡。这一时期应进行全年第二次追肥，追肥量占全年追肥量的30%，以氮肥为主，结果的树可追施氮钾复合肥。一般情况下，成龄树每株可施尿素2千克，或碳铵5~7千克，磷肥4~6千克。施肥方法可采用穴施或放射线沟施入，施肥后及时浇水。

进入7月以后，已结果的植株果实已经硬核，核仁开始发育，此期应进行三次追肥，以速效磷为主，并辅以少量的氮钾肥。追肥量占全年的20%，以每年每株1.5~2.0千克为宜。追肥方法多采用放射状、轮状或半圆形，以及条状追肥，施肥后及时浇水。

3. 灌水

5—6月份，雌花受精后，果实迅速生长，雌花芽开始分化和形成。这一时期需要大量的水分和养分。干旱时应进行灌水。

7—8月份，这一时期，核仁开始发育，花芽分化也进入高潮，需要足够的水分供应。此时北方已进入雨季，一般不需要灌水，如长期高温干旱，则需灌水。

三、夏季修剪

夏季修剪前必须掌握修剪时期，当新梢停止生长时（5月下旬至6月上旬），将50厘米以上的营养枝剪去顶部2~3芽，促进侧芽分化和枝条充实，对强枝在顶端第二芽下边用手扭梢（以出水为度），抑制旺长。此时疏除过密枝，回缩下垂枝，剪后必须加强肥水管理。

具体做法：从 6 月底开始喷施磷酸二氢钾 300 倍液，10 天一次，直到落叶前结束。7 月以后停止施用氮肥，增施磷、钾肥；8 月至落叶前不浇水，控制生长，增强修剪效果。

四、病虫害防治

此时期是枝条和果实生长期，防治重点是保护好果实不受病虫害，同时还要保护好叶片，以利制造营养，形成花芽，也为来年丰产打下基础。夏季是大部分果树的生长旺季，同时也是多种病虫害的为害盛期。及时搞好夏季果树病虫害的防治，对夺取果树的高产优质高效极为重要。

随着气温的升高、雨季的来临，在气候上将进入一个高温、高湿的状态，在这种气候状态下，非常有利于一些核桃病虫析发生、发展。在防治上我们应该注意抓住各种病害的关键防治期进行防治，做到事半功倍。

夏季为害核桃的主要虫害如下：

1. 核桃黑

各核桃产区普遍发生，在土壤潮湿、杂草丛生的荒山沟洼处尤为严重。幼虫钻入核桃果内蛀食，受害果逐渐变黑而凹陷皱缩，常称为"黑核桃""核桃黑"。果实受害率常达 70%～80%，甚至高达 100%，造成严重减产。

【危害】

幼虫在青皮内蛀食，虫道内充满虫粪。核桃被害处变黑，受害早者种仁干缩、早落，晚者种仁瘦瘪变黑。

田间鉴别要点是：核桃果实变黑，充满黑色虫粪，幼虫暗红色有足。一果中有幼虫十几头。

【发生规律】

该虫一年发生 1~2 代。以老熟幼虫在土壤内结茧越冬，翌年 5 月中旬至 6 月中旬化蛹，成虫发生期在 6 月上旬至 7 月上旬，幼虫一般在 6 月中旬开始为害，7 月为害最严重。卵期 4~5 天，幼虫在果面仅停留 3~4 小时后就蛀入果实，在 5~6 月成虫羽化期，降雨量少，低于 30 毫米，发生就轻，反之则重。

【防治方法】

根据核桃举肢蛾的生活习性，宜采取树上与树下防治相结合的防治方法。在采收前，即核桃举肢蛾幼虫未脱果以前，集中捡拾或烧毁虫果，消灭越冬虫源；采用性诱剂诱捕雄成虫，减少交配，降低子代口密度；果粮间作与冬季翻耕树盘，对减轻为害有很好的效果，将越冬幼虫翻于 2~4 厘米厚的土下，成虫即不能出土而死。农耕地比非农耕地虫茧少，黑果率也低。间作地区核桃生长旺盛，黑果率低，可因地制宜采用。

幼虫初孵期喷每毫升含孢子量 2 亿~4 亿白僵菌液或青虫菌或 "7216" 杀螟杆菌（每克 100 亿孢子）1000 倍液（阴雨天不喷，若喷后下大雨，雨后要补喷），感病和僵化率较高，保果率达 80% 以上。也可采用 40% 硫酸烟碱 800~1000 倍液，使用时混入 0.3% 肥皂或洗衣粉可增加杀虫效果。提倡少用化学药剂。

2. 核桃缀叶螟

木㼆虫，核桃卷叶虫、缀叶丛螟。

【危害】

以幼虫卷叶取食为害。严重时把叶片吃光，影响树势和产量。

田间鉴别要点是：小幼虫在叶阳面为害，啃食叶肉，叶底面呈现油纸状。常一二百头幼虫群栖为害，幼虫在拉丝网下取食，长大后逐渐分散，最后一虫一窝，将咬碎的叶片缀于虫窝旁。

【发生规律】

该虫一年发生1代，以老熟幼虫于土中做茧越冬。河北省化蛹期在翌年6月中旬至8月上旬，6月下旬至8月上旬羽化成虫，7月上中旬开始出现幼虫，7、8月为食害盛期。幼虫常在夜间取食、活动转移，白天静伏在卷包内很少取食。

【防治方法】

①在秋季和春季（封冻前或解冻后），于受害树根颈附近挖虫茧，消灭越冬幼虫。

②7—8月幼虫多在树冠上部及外围枝叶上卷叶为害，极易发现虫叶，可摘除虫叶消灭幼虫。

③7月中下旬选用3%除虫菊乳油600~800倍液，或7.5鱼藤酮600~800倍液，或40%硫酸烟碱800~1000倍液，或杀螟杆菌（50亿/克）80倍液喷雾防治幼虫，效果很好。

3. 木潦尺蠖

木步曲、黄连木尺蛾、洋槐尺蠖、小大头虫等，是一种暴食性食叶害虫，食性杂。

【发生规律】

该虫每年发生1代。以蛹在石堰根、梯田石缝内及树干周围的土中越冬。翌年5月上旬（日平均气温25℃左右）羽化为成虫，7月中下旬为盛期，8月底为末期。成虫趋光性强，多于夜间活动。

田间鉴别要点是：小幼虫为害叶片出现斑点状半透明痕迹，或小空洞。幼虫长大后沿叶片边缘吃成残缺状，或只留叶柄。小幼虫黑色，长大后体色变化较大，在核桃上多为黄绿色。颅顶左右突出。

【防治方法】

①在虫蛹密度大的地区，在晚秋或早春时，在树盘内人工挖掘。

②成虫羽化期，用黑光灯或堆火诱杀成虫。在有条件的园内每30亩挂一台频谱杀虫灯，效果良好。

③在幼虫4龄前（体前18毫米左右），用0.6%清源宝水剂800~1000倍液，或7.5%鱼藤酮600~800倍液，或3%除虫菊乳油600~800倍液，或0.65%茴蒿素水剂300~400倍液，或灭幼脲类农药喷雾防治，效果较好。

4. 刺蛾类

【危害】

小幼虫仅食叶肉，残留叶脉，稍大食叶呈缺刻或孔洞，严重时叶片千疮百孔。

【发生规律】

一年1代。以老熟幼虫在茧（洋罐）内与枝杈处、粗皮上越冬。6月中旬羽化，6月中下旬产卵于叶背，7月中旬至8月下旬为幼虫害期。低龄幼虫群集为害，长大后逐渐分散，老熟后结茧越冬。

【防治方法】

剪除越冬茧，并将与蜂寄生的茧挑出，加以保护利用。

成虫羽化期，每晚于19—21时设黑海外侨胞灯诱杀成虫，有条件的园内每30亩挂一台频谱杀虫灯。在幼虫分散为害前摘除幼虫群集的叶片消灭幼虫。对于严重园区应在幼虫发生期进行喷药，用Bt乳剂或灭幼脲类农药均可。

5. 核桃小吉丁虫

【危害】

是近几年发现为害核桃的重要害虫。以幼虫为害枝干皮层，受害严重的枝条叶片枯黄早落，翌春枝条大部分枯死，造成大量枯枝。

【发生规律】

一年1代。以幼虫在木质部越冬，4月中旬开始化蛹，6月上中旬为羽化盛期，6月下旬至7月初为卵孵化盛期，幼虫严重为害期为7月下旬至8月下旬。树势强、受害轻，蛀道常能愈合；树势弱，蛀道多不能愈合。

【防治方法】

①加强综合管理，提高树势，提高抗虫力。

②饵木诱杀。在成虫羽化产卵期，及时设立一些饵木，诱集成虫产卵后，及时烧毁。

③彻底剪除虫梢。结合采收核桃把受害叶片枯黄的枝条彻底剪除或成虫羽化前剪除虫梢烧毁。

④药剂防治。幼树被害时，可在7~8月在被害虫疤处涂抹敌敌畏10倍液。

6. 核桃褐斑病

属于真菌性病害，主要为害叶片，也为害果实和新梢，引起早期落叶、枯梢，影响树势和产量。

【发病规律】

病菌在病叶或病枝上越冬，第二年春天从伤口或皮孔侵入叶、枝或幼果，5月中旬至6月开始发生，7~8月为发病盛期，多雨年份或雨后高温、高湿时发病迅速。被害严重时8月份病叶大量脱落，9~10

月重生新叶，开二次花，严重衰弱树势。

【防治方法】

①清除菌源：剪除病枝，清除病叶，以减少病原。

②药剂防治：发芽前喷一次杀菌剂，如3~5波美度的石硫合剂或25%的丙环·多悬乳剂500~600倍液等。

③生长季节（6月上中旬及7月上旬）喷倍量式波尔多液或大生、新灵等农药2~3次。

7. 核桃炭疽病

【病害症状】

是核桃果实的一种主要病害，果实受害后，果皮上出现圆形或圆形病斑，中央下陷并有小黑点，有时呈同心轮纹状，空气湿度大时，病斑上有粉红色突起。严重时，病斑连片，使果实变黑腐烂或早落。

【发病规律】

病菌借风雨和昆虫传播，发病期在6~8月份，雨季早、雨量大、树势弱、管理粗放时发病早且严重。新疆核桃中，阿克苏薄壳、库车薄壳、丰产等品种发病重。

【防治方法】

①清除病枝、落叶和病果并集中烧毁。加强树势管理，改善通风透光条件。

②喷药防治。发病严重园区，发病前可喷波尔多液或多菌灵、托布津等农药防治。幼果期喷药是防治此病的关键。

夏季是果园防治病虫害的决战期，是果园管理水平的比赛期，是果实丰产的加油期，这个时期的果树和果实能客观、公正地显示出园主的快速应变能力和管理水平，为果树全年的命运和果农全年的财运定了乾坤。

第四节　核桃园秋季管理（9—11月）

秋季是果园树体、果实、地面管理的关键时期，抓好秋季管理，有效地提高植株的贮备营养水平，是广大果农实现优质果品、连年丰产取得较高经济效益的基础。此期的主要工作是搞好果实的采收和贮藏工作，以及树的管理、修剪、嫁接苗木的出圃及入冬前的树体准备等项工作。

一、土肥水管理

1. 土壤管理

秋翻：在果实采收后至落叶前进行深翻，深度为30~40厘米，同时捡出土中的核桃举肢蛾幼虫，集中消灭。

2. 施肥

秋季施肥，是秋季管理的关键，此期施入后，肥料可以被吸收利用，可提高树体贮藏营养水平和器官质量，为来年开花结果打下良好的基础。

（1）肥料种类

①有机肥料

主要有经无害化处理的完全腐熟的厩肥、人粪尿、畜禽粪、绿肥等。有机肥料含多种营养元素，肥效长，而且有改良土壤、调节土温等作用。

②无机肥料

即化学肥料。常见的化学肥料有以下几种：

含氮肥料：主要有硫酸铵、硝酸铵、氯化铵、碳酸氢铵和尿素等。

含磷肥料：主要有过磷酸钙、磷矿粉等。

含钾肥料：主要有硫酸钾、氯化钾和草木灰等。

复合肥料：主要是含两种以上的元素，有磷酸二铵、磷酸二氢钾和氮磷钾复合肥等。

化学肥料速效性强，使用方便，但如果长期单独使用，会影响土壤结构，应与有机肥结合使用。

秋季施入的肥料应以有机肥为主，有机肥要求充分腐熟，以尽快发挥肥效。

（2）施肥量

施肥量的确定要以土壤的养分情况和核桃幼树对营养的需求为依据。成年树不同于幼树，每年开花结实，消耗大量营养物质，为了维持健壮的树势，为第二年生长和结实奠定良好基础，就需要施足基肥。按照25～30年生的每株需氮1.5～1.8千克计算，如果用厩肥，可在9月份追施，其用量不低于每株2.5千克。从实际应用效果看，用厩肥作基肥效果最好。由于基肥是迟效性的有机肥，在林树结果量逐年增多的情况下，或土壤中含有效磷、钾成分比较少的地方，应结合施基肥增施速效性磷钾肥料，其氮、磷、钾的配合比例按有效成分以3∶1∶1计算。

（3）施肥时期

一般是在秋季落叶后或春季发芽前进行。

（4）施肥方法

目前我国核桃树的施肥方法主要是土壤肥，根外追肥很少。土壤施肥的方式主要有以下几种：

①放射状施肥

5年生以上的幼树比较常用。从树冠边缘的不同方位开始，向树干方向挖4~8条放射状的沟，长度依树冠的大小而定，宽度为40~50厘米，深度依肥料种类而异。施基肥沟深为30~40厘米，追肥沟深为10~20厘米。每年施肥沟的位置要变更，并随树冠的不断扩大而逐渐外移。

②环状施肥

用于4年生以下的幼树。在树干周围，沿着树冠的外缘，挖一深30~40厘米、宽40~50厘米的环状施肥沟，将肥料均匀施入埋好即可。基肥可埋深些，追肥可浅些。

③穴状施肥

多用于追肥。以树干为中心，从树冠半径的1/2处开始，挖成分布均匀的若干个小塘，将肥料施入穴中埋好即可。也可在树冠边缘至树冠半径1/2处的施肥圈内，在各个方位挖成若干不规则的施肥小塘。

④条状沟施肥

是在树的行间或株间挖成条状沟进行施肥的方法。在树影边缘相对的两侧，分别挖掘平行的施肥沟。挖沟时从树冠外缘向内挖40~50厘米宽，长度视树冠地大小而定，幼树一般为13米，深度同其他方法。第二年的挖沟位置应换到另外两侧。

上述方法中，除穴施法外，其他三种方法均属沟施法，沟施法的优点是施肥集中，部位适当，经过轻度伤根，有刺激发根作用，是目前各核桃园较多采用的方法。

3. 灌水

10月末至11月初，结合秋施基肥进行一次灌水，不仅有利于土壤保墒，而且会提高幼树新枝的抗寒性。

二、修剪

核桃树秋季修剪是早实核桃树栽培中的一项重要技术措施。核桃树在休眠期进行修剪，会发生大量的伤流而削弱树势，因此，核桃树的适宜修剪时间是在春季和秋季。春季，是在核桃发芽后至开花以前；秋季，是在核桃采收以后至落叶盛期以前。在春、秋两个季节中，秋剪比春剪的效果好。核桃秋季修剪，伤口愈合快，第二年长势旺；春季开花以后修剪，容易碰落花果或碰伤嫩枝。

1. 修剪时期

核桃采收后至叶片发黄以前（9月中旬至11月初）进行。此期修剪会减少叶面积，影响树体的养分积累，适用于调整树体骨架结构。同时由于叶片未落，能较容易地分辨出过官枝、遮光枝，并将其疏除，以利于通风透光，而且此时无伤流现象。秋季修剪主要是疏除过密枝和遮光枝，回缩下垂枝，调整树体骨架结构。另外，秋剪促壮，宜于弱树、老树与山坡地核桃树的修剪，此时无伤流，利于动大枝。

2. 修剪方法

操作同前。

三、病虫害防治

此时期是果实成熟期和采收期，防治重点是保护好果实，做好果品贮存准备及落叶果园管理。核桃一般在9月上旬"白露"左右采收，果实采收后在病虫害的防治上应注意以下问题：

（1）剪除病虫枝，摘净病干果：结合修剪，秋季采收后，剪除全部受虫为害的病枝，集中烧毁，以消灭翌年虫源。

（2）增强树势，巧施基肥，提高树体抗病力。

（3）清扫落叶及落地病干果：有许多病原体、害虫在落叶、枯枝干果上越冬，故应将其清扫干净，深埋作基肥或集中烧毁。

（4）树干涂白，防冻抗虫。

此外，秋季还应注意以下病虫的防治：

（1）核桃腐烂病

秋季是核桃腐烂病的又一个小的发病高峰期，应注意核桃腐烂病的防治工作，防治方法同春季。

（2）大青叶蝉

【危害】

晚秋成虫产氏卵于树干和枝条的皮层内，造成许多新月形伤，致使枝条失水，抗冻及抗病力下降。

【发生规律】

一年3代。以卵在枝干的皮层下越冬，4月孵化，若虫及成虫以杂草为食。10月上旬至中旬降霜后开始产卵。

【防治方法】

①清洁果园及附近的杂草，以减少虫量。

②产卵前树干涂白。

③10月份霜降前喷4.5%高效氯氰菊酯1500倍液。

秋季也是核桃病虫害防治的重要时期，做好秋季的病虫防治工作，会为翌年的工作奠定良好的基础，同时也会减轻翌年春季的工作量。

第五节 核桃低温霜冻的防控

核桃越冬期可抗-20℃~-28℃的低温,但萌动以后抗寒力剧降,0℃以下的低温对花和幼果非常不利。因此在花期和幼果期要注意天气变化,尤其低洼地更应注意,做到早预报早防治。

晚霜防治方法:

(1)灌水

一是早春萌芽前灌水,降低低温,推迟萌芽,避过霜害;一是晚霜来临前灌水,因为水比热大,气温低于0℃时,水可以放出热量,增加园内小气候的温度,以降低霜害。

(2)树干涂白

可减弱核桃树地上部分吸收太阳的辐射热,使早春树体温度升高较慢,从而推迟萌芽和开花期,避免早春霜害,同时还具有抗菌、杀灭虫卵和幼虫、防日灼的作用。

涂白剂配制方法:生石灰5千克,硫黄0.5千克,菜籽油0.1千克,食盐0.25千克,水20千克,充分搅拌均匀后涂刷树干基部。

(3)烟熏

对于核桃树相对集中地区或核桃丰产园,可采取烟熏的方法来增强果树抗寒能力。烟熏能减少土壤热量的辐射散发,同时烟粒吸收湿气,使水气凝成液体而放出潜热,故可防霜保温。方法是在核桃园内设放烟堆,烟堆的材料可就地取材。把易燃的秸秆、干草和潮湿的落叶、杂草等交互堆起,用土覆盖,留出点火及出烟口,根据气象部门预报霜浆的时间,即可点火发烟,保护核桃园免受冻害。

(4) 覆盖树体

此法较适用于零星核桃幼树。即在霜浆到来之前覆盖幼树或给幼树绑草把秸秆。对初果果园及难以覆盖的果园可以在果园周围及行间树立草障以阻挡外来寒气袭击,保留散发的地温。

(5) 喷施调节剂

低温霜冻来临前两天喷施植物生长调节剂,如海藻类调节剂优得列等,有非常好的防控效果。

防霜注意事项:据观察,霜冻多发生在太阳出来温度迅速上升时,花朵和幼果的细胞由原来的"冷则紧缩"一下急剧"热则膨胀"起来而把细胞壁胀破,导致伤花伤果。因此防霜不能天一亮就停止,而要燃烟至霜全部化完,并用烟雾来遮挡阳光,以免阳光直射到花朵或幼果上而加重伤害,故有"防霜不如防太阳"之说。当温度低于零下5℃或多风时,烟熏法防霜效果不好,所以,如遇此情况最好能将烟熏和覆盖树体两种方法结合运用。

第六节 核桃新品种——美国红仁核桃

美国红仁核桃(品种名:Robert Livermore)是世界稀有的特色核桃品种,由美国加利福尼亚大学在1978年用霍华德与法国品种(RA1088)杂交育成。因其资源稀有奇缺、种皮鲜红、营养价值高、货源紧俏等,倍受用户的青睐,预测在我国引进开发后有一定的消费人群和广阔的开发前景。目前我国核桃栽培品种虽然很多,但是多数大同小异，特色不十分明显，栽培经济效益相对较低。从核桃产业长远发展来看，选用特殊性状或利用价值的优良品种是包括陕西在内的核桃主产区产业发展的主要方向之一。据"科技查新"显示，关于美国红仁核桃的引种研究及栽培技术和示范推广在国内未见相关文献报道。为了丰富我国核桃品种资源，满足不同消费者的需求，我们于2014年开展了红仁核桃的引种研究和示范推广工作。2017年9月，商洛市科技局组织有关专家对该项目进行科技成果评审，认为该项研究达到同类研究国内领先水平。2017年12月，该项目获商洛市科学技术奖一等奖。2018年8月30日，陕西省林木品种审定委员会组织有关专家对红仁核桃进行了现场初审。2018年12月14日，红仁核桃通过陕西省林木品种审定委员会审定。

一、物候期

从研究试验可以看出，红仁核桃萌芽期比"香玲"和"西洛3号"分别晚8天和12天，果实成熟期比"香玲"和"西洛3号"分别晚12天和18天，其他物候期相差3~9天。10月下旬正常落叶，安全越冬。

二、植物学习性

研究试验可以看出，引进的美国红仁核桃与当地品种"香玲"和"西洛3号"比较，具有树势强旺、生长量较大、叶色浓绿等特性。

三、生长结果习性

红仁核桃栽植嫁接苗和高接后当年就有个别树开花，第二年即可结果，第三年大量结果。平均结果枝率达 83.1%，侧芽结果率 83.4%，每果枝平均结果 1.46 个，平均株产 1.08 千克，表现出明显的早实品种的特点，综合性状明显优于"香玲"和"西洛 3 号"。

四、坚果经济性状

2016、2017 年连续两年对母本园采集的果实，脱去青皮，坚果干燥后，进行考种分析。

美国红仁核桃核仁种皮颜色为红色，平均单果坚果三径 3.44 厘米、干果重 12.75 厘米、单果仁重 6.83 克，出仁率 53.59%。干果重分别比"香玲"和"西洛 3 号"高出 2.37 克和 2.25 克，出仁率分别比"香玲"和"西洛 3 号"高出 2.25% 和 0.42%，其他如壳厚度、果面美观程度、取仁难易、仁味等性状都与主栽品种"香玲"和"西洛 3 号"相近。

五、营养成分

2016 年 11 月和 2018 年 3 月，两次将充分干燥后的美国红核桃坚果核仁送上海复旦大学复昕化学分析技术中心进行全营养成分检测分析（39 项）。

从检测可知，红仁核桃核仁维生素蛋白质、不饱和脂肪酸、碳水化合物的含量与"香玲"和"西洛 3 号"接近，便于被人体吸收利用，而且作为食品营养价值重要指标的不饱和脂肪酸及钙、镁、铁、硼、锰、锌、钾含量与二者对照比较稍高或接近。但红仁核桃核仁种皮中的花色苷和鞣花酸含量是"香玲"和"西洛 3 号"的 6~9 倍。

据《肿瘤研究》等文献报道，花色苷对于老年痴呆症、抗糖尿病、保护血管、预防高血压、抗肿瘤具有良好的预防和治疗作用。鞣花单宁对于化学物质诱导癌变及其他多种癌变有明显的抑制作用，还具有延缓皮肤衰老、凝血止血和防止细菌感染、抑制溃疡等众多功能。红仁核桃的这一特性，对于人体医疗保健作用具有十分重要的意义。

六、适应性

1. 越冬性

2016年1月25日，试验区遇到当地近24年来最严重的一次低温寒潮天气过程，温度降至-17.4℃，栽植的早实品种"香玲"因受冻有部分抽干稍现象，但引进的美国红仁核桃树仍安然无恙，安全越冬，春季正常发芽抽枝展叶。2018年4月6—7日，试验区所在地洛南县发生了近20年来从来没有过的大面积-6℃的低温冻害天气，使正处于萌芽、抽枝展叶、开花授粉期的核桃树遭受了严重的冻害。受害后，幼芽和新梢干枯，雌雄花枯萎变黑，不能正常授粉受精，随之脱落。而红仁核桃虽然也遭受了冻害，但受灾程度明显低于周围的"香玲"和"西洛3号"，其他品种颗粒无收，但红仁核桃侧芽二次萌发还能开花，结有一定量果实。说明该品种具有较强的抗寒能力，能够在洛南县秦岭中低山区安全越冬，健壮生长。

2. 抗病虫性

试验园除了正常的病虫防治管理外，没有使用特殊的防控措施，该品种没有出现新的病虫危害，树体生长健壮，结果良好，枝繁叶茂。证明该品种具有较强的抗病虫能力。

第八章 大樱桃管理技术

第一节 樱桃肥水管理

樱桃外表色泽鲜艳、晶莹美丽，红如玛瑙，黄如凝脂，果实富含糖、蛋白质、维生素及钙、铁、磷、钾等多种元素，可以缓解贫血、调中益气、健脾和胃、祛风湿。近年来，酸甜可口的樱桃愈来愈受到广大人民群众的欢迎。同时樱桃为种植户带来了巨大的财富。

与此同时，樱桃树的管理也与果农的收入息息相关。随着现代化的发展，施用肥料以促增产的现象越来越严重，那么，怎样合理施肥才能保证樱桃品质优、产量高呢？在确定合理的施肥方案之前，我们应当了解樱桃的需肥特点。

一、樱桃根系的营养特性

樱桃根系营养特性因品种、砧穗组合及土壤条件而异。中国樱桃中，草樱桃的须根发达，在土壤中分布层浅、水平伸展范围很广。

如在冲积土上，骨干根和须根集中分布在地表下 5~35 厘米的土层中，以 20~25 厘米土层为最多。泰山樱桃主根不发达，须根和水平根很多，多分布在 20~30 厘米的土层中。

樱桃最宜在土层深厚、土质疏松、保水力较强的沙壤土或壤质沙土、砂质壤土上栽培。酸樱桃能够适应黏质土壤，中国樱桃则适宜在疏松的砂质土壤上栽培。

桃耐盐碱能力差，一般土壤 pH 值等于 6.5~7.5 为宜。甜樱桃和中国樱桃适于微酸性和中性土壤，酸樱桃适于微碱性土壤，毛樱桃适于碱性土壤。

二、樱桃的营养特点

樱桃的果实发育期较短，其结果树一般只有春梢一次生长，且春梢的生长与果实的发育基本同步。因此，樱桃在营养方面有自己的特点，需加以注意。樱桃的枝叶生长、开花结实都集中在生长季的前半期，而花芽分化也多在采果后的较短时间内完成。在养分需求方面主要集中在生长季的前半期。

要根据不同品种、地点制定配套合适的施肥方案，一般来说，以下几点是樱桃施肥的要点。

1. 基肥

时间一般在 9—11 月份土壤封冻前，越早越好。此时正值果树旺盛生长期，有利于树体吸收养分，有利于伤根恢复，促发新根，施肥当年就能发挥肥效，增加越冬前的营养储备。条沟、放射沟、环状沟施（适于树龄较小的幼树），挖沟时注意适当多断细根（直径 0.5 厘米以下者），但不能伤害主根，注意要深施。施肥量根据树龄和树势、目标产量，以及土壤中养分丰缺程度确定，一般10年生左右樱桃树，ETS菌肥用量2～4千克/株，与ETS有机肥、中微量元素肥、复合肥混合，随树龄增加调整施肥量。

2. 萌芽期追肥

樱桃坐果主要靠当年的营养，所以在春季芽萌动时结合ETS土壤改良液体菌剂4升装灌根300倍液或随水浇灌1桶/亩，追施氨基酸加氮肥，施肥量根据树势和产量（花量）而定；一般株施ETS微生物菌肥2～4千克，与其他肥料混合使用。

3. 膨果期追肥

每亩施ETS生物调控功能水溶肥料20～25千克；另外要选用高钾肥料，促进果实膨大，减少生理落果，提高果品质量、表光等，同时补充树体营养。

4. 采收后追肥

6月底7月初，果实采收后植株营养亏缺较大，要立即补肥。每亩施ETS生物调控功能水溶肥10～15千克，随水冲施。

一般在果实生长期，从开花到采收至少应追2～3次叶面肥，采收后结合喷药，喷施1～2次叶面肥。

第二节　大樱桃园春季管理

春季是大樱桃管理的关键季节，做好春季管理工作，不仅有利于当年樱桃产量和品质提升，而且对促进以后生产有着极其重要的意义。为指导广大果农做好樱桃园春季管理工作，笔者根据生产实际提出的大樱桃春季管理技术如下。

一、树体管理

1. 整形修剪

（1）幼树以整形为主，按纺锤形培养树形，采取截短、拉枝、刻芽等修剪手法，促早成形、早结果。

（2）结果树要注重结果枝组的培养更新，保证优质稳产。对树冠内影响通风透光的直立枝、徒长枝、交叉枝坚决疏除，以免扰乱树形、消耗营养；对树冠内的花束状、花簇状及生长细弱的结果枝，用去弱留强、多截少放、抬高角度、状枝状芽带头等方法进行复壮；对过强过旺结果枝组，要去强留弱、去直留斜、轻剪缓放、缓和生长势；对长势中庸的结果枝组要截放结合保持其健壮的生长势。

2. 保花保果

（1）花期喷布尿素、硼砂、糖、钙肥配制的营养液，提高坐果率。

（2）花期果园放蜂，增强授粉受精。

（3）早春霜冻到来前，树上喷布优得列、天达 2116；霜冻到来时，在果园上风口，用麦糠、锯末点火熏烟，预防早春霜冻。

二、土壤管理

1. 施足花前肥

土壤解冻后，根据结果量株施 1～2 千克高氮高钾复混肥，加 0.5 千克生物菌肥，采取放射沟施入。

2. 浇好花前水

在发芽至开花前，根据土壤墒情浇好花前水，不仅可以满足萌芽开花对水分的需求，还可延长花期，预防冻害提高坐果率。

三、病虫害控制

（1）清园：惊蛰以前把果园的枯枝落叶及地面杂草进行集中清理深埋，消灭越冬病虫、降低病虫基数。

（2）芽体萌动初期全园喷布 5 波美度石硫合剂，要求树上地面均喷，可大大降低介壳虫、红蜘蛛危害及枝干病害的发生。

（3）花期及展叶期要利用太阳能杀虫灯、糖醋液等生态技术进行食叶害虫及蛀杆害虫的诱杀。

第三节　大樱桃采果后管理

大樱桃果实的质量、产量及生产效益与采果后树体管理有着密切的关系。一方面，樱桃果实生育期短，从萌芽到果实成熟这段时间，树体生长发育所需养分主要来源于采果后到越冬前这段时间形成的储藏营养。因而加强采果后树体管理，增加树体储藏营养，是促进花芽分化、增强树势、提高来年产量和质量的重要措施。采果后樱桃园管理重点应该抓好以下几方面：

一、肥水管理

（1）6—9月份，根据树体叶相适时叶面喷肥，喷肥以磷酸二氢钾、尿素为主，浓度为 0.3%～0.5%。

（2）进入 9 月份后，要重施基肥，基肥要以有机肥为主，配以适量化肥，用量以满足树体生长发育为度，一般亩施有机肥3000～4000千克。

二、树体管理

1. 疏枝

疏除过密枝、徒长枝，改善通风透光条件，利于叶片光合作用，促进有机质形成和积累。

2. 拉枝

根据枝条生长部位、大小，调整枝条角度和方位，在保证结果足量部位的同时，使枝与枝间不交接。

3. 摘心剪梢

对除延长头以外的一年生新梢，根据枝条生长势和着生空间进行摘心或剪梢处理，培养较大结果枝组留 30 厘米摘心处理，培养小型结果枝组留 15 厘米剪梢处理。

4. 处理病虫枝及残留果实

剪除病虫制及残留果实并集中深埋。

三、病虫防治

（1）采果后及时给树上喷布 43％戊唑醇 3000 倍液加 50％马拉硫磷 1000 倍液，防治褐斑穿孔性落叶病和食叶害虫。

（2）利用糖醋液、杀虫灯等诱杀金龟子、千牛、果蝇、地老虎等。

（3）细致检查主干、主枝，若发现腐烂病、流胶病要彻底刮除病变组织，并涂抹 1.5％噻霉酮乳剂，促进伤口愈合。

第四节　大樱桃园冬季管理

一、清园

（1）清扫园内枯枝、落叶、杂草、残病果，并集中深埋或烧毁。

（2）全园喷布 100 倍农抗 120 或菌毒清 100 倍液。

二、施肥、覆盖

秋季未施基肥的果园，封冻前每亩施腐熟的有机肥 3000 千克、尿素 10 千克、过磷酸钙 20～30 千克、硫酸钾 5 千克、根果良品微生物菌肥 75～100 千克。可全园撒施后浅锄。施肥后用秸秆覆盖，秸秆厚度为 15～20 厘米，覆盖后压土防风防火。

三、主干涂白

涂白剂配方为：水 30 千克、石灰 10 千克、食盐 2 千克、动物油 0.25 千克、石硫合剂原液 1.5 千克。涂抹主干和枝杈处。

四、灌水

对于有条件的果园，封冻前灌溉一次，有利果树安全越冬；解冻前灌溉一次，适当延迟开花以防早春霜冻。

五、修剪

1. 修剪时间

萌芽前树液开始流动后进行。

2. 修剪目的

幼树期以整形扩冠早挂果为主;在完成树体整形进入结果期后的,以结果枝组的培养更新、稳产优质为主。

3. 适宜树形

目前生产上主要采用小冠疏层形和细长纺锤形。

4. 修剪方法

(1) 小冠疏层形树形结构

主干高 50~60 厘米,具有中央领导干,中央领导干着生 5~6 个主枝,分 2 层,第一层主枝 3 个,第二层主枝 2~3 个。第一层主枝各配备 2 个侧枝,第二层主枝为 2 个时可配 1 个侧枝,为 3 个时不配侧枝。主枝基角 60°~70°,腰角 80°~90°,侧枝角度 90°以上,层间 1.5~2.5 米,树高 3~3.5 米。

(2) 修剪要点

定植后于 80 厘米左右处定干,抹除剪口下 2~3 芽。当年春季萌发 3~5 个强旺枝。除中心干外,在萌发新枝中选出 3 个分布合理、分枝角度较大的枝作主枝,剩余各枝作辅养枝或培养结果枝组。肥水条件好、植株生长强旺的,可在这新梢长至 40~50 厘米时摘心促发分枝,每生长 20~30 厘米摘心。中心干上除延长头外的分枝都作为层间结果枝组培养,每生长 20 厘米左右轻摘心,一年可摘心 2~3 次。辅养枝进行拿枝或拉枝,使其水平或下垂生长。培养的主枝应在7—8月开始拉枝至应有的角度。第二年春季芽萌动时，中心延长头留60厘米短截，各主枝延长枝留40厘米短截，可作为侧枝培养的留20厘米短截。发生的新梢选留方向好的2~3个作第二层主枝培养，其他新梢长至30~40厘米时，留20厘米摘心，培养成层间结果枝组，背上枝新梢进行扭枝、拿枝，使其下垂，促成花结果。

（3）细长纺锤形树形结构

干高50厘米，树高3~3.5米，冠径2.5~3米。在中心干均匀分生势力相近、水平生长的10~15个侧生分枝，间距20~30厘米左右，错落分布，螺旋上升，下部枝略长，上部枝略短。主枝角度为80°~90°。树冠呈纺锤形。

（4）整形要点

在80厘米处定干，抹除剪口下2~3芽。对于新萌发的枝条，选最上部生长势强的枝作中心干，中心干每生长50~60厘米，留40厘米左右摘心，以后重复进行2~3次。各主枝长到40厘米时，留20~30厘米摘心。中心干上摘心后萌发抽生的新枝，在生长季都要拉至水平。各侧枝上摘心萌发出的新梢，当长至20~30厘米时进行摘心，摘去10厘米左右配备成结果枝组，促成花结果。

第九章 菊芋种植管理技术

菊芋又叫洋姜、鬼子姜、洋萝卜,是一种多年宿根性草本植物。原产于北美洲,之后传入中国。菊芋具有抗旱耐寒、适应性广、抗逆性强等特性。菊芋块茎富含淀粉、菊糖等果糖多聚物,是生产保健食品和全新多功能食品的优质原料,是一种营养价值很高的植物。

第一节 认识菊芋

一、生态体征

菊芋茎直立,株高2~3米,有很多分枝,茎上有刚毛,叶卵形互生,叶基部对生,茎上部互生,长卵圆形,先端尖,叶面粗糙,叶背有柔毛,边缘具锯齿,绿色,叶柄发达。花为头状花序,生长于各分枝先端,花盘直径3厘米左右,花序外围的舌状花序为黄色,中间为筒状花序,能育性低,不能结实,管状花黄色。栽培上多用块茎繁殖。根系发达,深入土中,根茎处长出许多匍匐茎,其先端肥大成块茎，块茎扁圆形，呈犁状或不规则瘤状，有不规则突起，地下块茎是不规则的多球形、纺锤形，皮呈红、黄或白色。块茎一般重50~80克，较大的150克以上，每株有块茎15~30个，多的可达50~60个，一般亩产块茎2000千克，高产的可达4000千克。

二、生长环境

菊芋在-25℃~35℃之间都可以生存，生长期最适合的温度在18℃~25℃之间。菊芋的抗旱性也比较强，在年平均降雨量150毫米以上的地区都能种植。菊芋适合在中性或者碱性的土壤中生长。菊芋对光照要求不高。

三、品种的选择

菊芋生产中一般用块茎进行无性繁殖，品种主要有紫皮、红皮和白皮3种，中低海拔地区宜选用红皮或白皮品种，高海拔地区宜选用紫皮品种。一般选择无腐烂、无病虫、单重20~25克的菊芋块茎作种子，块茎超过45克的可切块种植。

自2014年起，陕西森弗天然制品有限公司经过两年的选育优化，选育出了适合商洛地区种植的"青芋3号"菊芋品种，并在商州进行推广种植。该品种具有适应能力强、抗病虫害、块茎大、产量高等特点。

在森弗产业园，菊芋块茎经过挑选、洗涤、粉碎、提取、离子交换、纳米浓缩、膜分离、喷雾干燥等十多道工艺被精制成高纯度的菊粉，广泛运用于食品、保健食品、医药等领域。

第二节 播种技术要点

点种需要注意的是，每一块种的块茎重量大概为 20~25 克。下一步需要注意的是，种子上面的种苗最少在两个以上。

在土地用旋耕机旋磨 30 厘米左右以后，用耙磨打平。打平之后，即可播种。

播种之后要注意土地的行距与株距，行距大概选在 70~80 厘米，株距大概选在 40~50 厘米，窝子的深度、沙土地宜深不宜浅，沙土地大概在 8~10 厘米，泥土地大概在 6~8 厘米。大家注意看，当选种好之后胚芽朝上、下地种植。

特别注意：在下种之前，在每个下种窝施一把木美土里菌肥或经加菌无害化处理。完全腐熟的有机菌肥可以防控病害，提高出苗率，促根壮苗。

第三节 田间管理

一、苗期管理

菊芋出苗后要及时补苗，苗齐后进行中耕除草松土，松土深度在 5 厘米以上。幼苗长到 20~30 厘米时，结合中耕除草，对于分枝过多的菊芋幼苗，保留 1~2 个健壮主茎，其余的除去。

二、生长期管理

1. 浇水

菊芋较抗旱，但在块茎膨大期需要充足的土壤水分供应，若此时土壤水分充足，能大幅度提高菊芋块茎的产量。一般 4 月中下旬根据土壤墒情浇出苗水，5 月下旬浇拔节水，8 月中旬浇显蕾水，9 月中上旬浇块茎膨大水，浇水量不宜过大。此外，遇雨水过多应及时排水降渍，以防块茎腐烂。

2. 追肥

菊芋的生长期需追肥两次：第一次在 5 月下旬前后，促使幼苗健壮多发新枝；第二次在现蕾初期，追肥后浇水。

3. 摘花蕾

在菊芋开花期间，及时打偏杈、摘花蕾，可以节省养分，促使块茎迅速膨大。菊芋生长过旺时，在株高达 60 厘米左右时摘心，防止徒长；7 月中旬打偏杈，防止遮阴、吸收养分、地下茎生长缓慢；8 月中旬，随时摘除花蕾，节省养分以利于块茎膨大和充实。

三、成熟期管理

生长后期应减少浇水量，并将植株中下部发黄过密的枝叶除去，以利通风透光。

第四节　收获与储藏

一、收获

菊芋收获一般在 11 月份，因此从 10 月初开始就应控制浇水，利于菊芋起挖。11 月中旬，待田间菊芋植株 80% 以上茎叶干枯时，采用人工或机械等办法挖取块茎并分拣。

收获时，先将地上茎叶割去，再把地下块茎挖出来抖尽泥沙，按照要求清洗干净、晾干分装，等候收购。

二、储藏

菊芋采用塑料编织袋包装，通常应放置阴凉通风处，可保存 20~30 天。

菊芋块茎在 0℃ 以下开始冬眠，怕热不怕冷，温度过高时块茎会发芽、霉烂。

第十章 中蜂养殖四季管理技术

第一节 春季管理

蜂群春季管理的目的是使越冬后蜂群的群势迅速恢复和发展,以便大流蜜期到来时适时地利用主要蜜源。这一阶段要加速蜂群的繁殖速度,创造有利于蜂群繁殖的条件,尽快把越冬削弱的蜂群恢复强盛,提前进入蜂群的强盛阶段,以便提早开展蜂产品生产及蜜蜂授粉。对于春季蜂群的群势发展要采取合理的管理措施。

一、早春观察蜜蜂飞翔排泄

越冬正常的蜜蜂冬季不在蜂箱内排泄,粪便积存在后肠,早春外界温度适宜时进行飞翔排泄。"立春"后在天气晴暖的情况下,让蜜蜂连续排泄2～3次,在第一次排泄前要用铁钩从巢门掏出死蜂。根据蜜蜂飞翔排泄的活动和表现,对蜂群越冬情况的好坏作出判断。凡是不正常的蜂群,应标上记号,优先开箱检查处理。

二、全面检查

选择晴暖无风的天气，气温在 10℃以上，一般在上午 10 点至下午 3 点进行。检查前做好准备，检查时动作要快，并注意如下情况：

（1）群势不强，即组织双王同箱饲养。失王蜂群，要在晚上合并。

（2）巢内缺蜜，即进行补助饲喂。

（3）巢脾过多，即抽出存放，使蜂脾相称。

（4）清除箱底死蜂、蜡屑，减少工蜂劳动量。保温物要及时翻晒。

三、加强保温

蜜蜂发育最适宜的温度为 34℃～35℃。早春气温低，就要注意保温，春季的保温非常重要。

1. 箱外包装

取事先编织好的草帘 1 块，再将蜂箱大盖、副盖都去掉，而后将草帘（或用保温棉垫）盖上，再将大盖也盖上，最后用塑料薄膜筒罩住蜂箱防雨淋和寒风吹袭（塑料薄膜筒是用筒状塑料薄膜剪成的，一头用绳子捆紧为罩顶，另一头为罩口）。罩住的高度为蜂箱高度的 1/2，下沿用尼龙丝带捆紧，以防风吹和蜜蜂钻进去闷死。晴天的上午 10 点至下午 4 点要将塑料薄膜去除，晒一下蜂箱和草帘，可散发掉多余的热量。这样包装配合适当奖饲，繁蜂速度快、质量好。

2. 箱内包装

中蜂怕闷，怕热，也怕冷。春繁包装时一般应有 4 脾以上的蜂量。做法：将带蜂的脾挪到巢箱一边，多余空脾抽出，做到蜂多于脾。在隔板内侧靠箱底中心处钉一只 1 寸长的铁钉。另在隔板两耳内侧处钉上八分钉各1只,这就挡住了隔板,不能向里侧靠紧巢脾,也就不会挤死蜜蜂。再将切成与蜂箱内长相同的禾草塞进巢箱空处,只可充填巢箱一半高。这样做的好处是封死了箱底空区,可以容纳其余的休闲蜂栖息,遇上气候反常、早春天暖时还可以散热。

3. 密集群势

早春繁殖应保持蜂、脾相称。随着气温的升高和群势的发展,蜂脾比例可以适当放宽。但至气候温暖,蜂群壮大,每框也可保持6成蜂。

4. 采取双群夹箱饲养

将个弱群或中等群合养在一个箱内,中速繁殖间用围板隔开,分别果巢出入。这样可以互相倚暖,提早繁殖。

5. 巢内外保温防湿

蜂群的保温工作,在早春育虫条件下,比越冬停卵期更重要。中蜂箱内的保温物极易受湿,对保温很不利,所以应该及时替换和翻晒。为避免这种麻烦,宜饲养强群,或双群、多群夹箱联合饲养。夜晚亦可覆盖塑料薄膜保温防潮。

6. 调节巢门

春季日夜温差大,及时调节巢门在保温上有很重大的意义。要掌握分寸,以保持工蜂出入不拥塞、不煽风为度。

7. 堵塞蜂箱的缝隙

蜂箱上的裂缝要填补严实,纱窗的空处应用纸张塞满封闭。

8. 晒箱

在繁蜂的过程中,天气慢慢变暖,温度、湿度也逐渐增大,排泄不能忽视。在晴好的中午将箱盖全部揭开,翻晒保温物,每隔几天晒一次，保证箱内湿度不能过大，如果湿度过大会造成"中囊病"的发生和子脾发霉变质。

9. 迟撤包装

蜂群的保温物撤除，宁迟勿早。蜂群发展到 4～5 框子脾时，必须撤掉包装，去掉所有保温物，不能让蜜蜂受热，否则会出现几种不好的现象：①工蜂工作不积极，造王台；②出现"中囊病"；③工蜂寿命缩短等。撤除时，应根据气候和蜂群发展的程度逐步进行，先撤上面，后撤周围，最后撤除箱底、箱内；应先撤强群，后撤弱群。

四、及时喂饲（应针对蜂群情况进行）

1. 喂蜜

用蜜或者白糖，比例为：白糖 500 克，加水 250 克，煎化冷却以后喂蜂。时间选择在晚上进行。遇到寒潮侵袭时必须停止喂蜜。如果有大蜜脾就将它放在隔板外，没有蜜脾就得喂蜜，开始浓度高一些，大约按 10 千克糖兑 6 千克水的比例，浓度不要低，让糖压住子圈，以后做到尽量少喂。如果没有蜜粉源，强刺激会使工蜂寿命缩短，见子不见蜂，造成"春衰"。有零星蜜、粉进巢，则到有蜜粉源的地方观察，估计 3～5 天就会有蜜粉源，气候适宜就可以大量喂糖，要天天喂，不压子为宜，直到蜜粉源到来，有节余后停喂。

2. 喂水喂盐

养蜂的关键就是喂水，开繁后幼虫慢慢长大，对水的需要量越来越大，不可一日无水，蜜蜂没有水子脾会大量脱子，而蜜蜂会拼命去箱外找水。春季天气寒冷，工蜂带不回水，则反复去找水，河边、池边大量蜜蜂被冻死，造成"春衰"。喂水还要喂清洁水，水龙头生锈,流出的水不能让蜜蜂喝,否则会引起"爬蜂"。好些"爬蜂"找不到原因,就是因为喝了生锈的水或污水引起蜜蜂中毒。可以同时进行,按照0.2%~0.3%的比例把细盐加入水中。巢门喂水的方法是用小瓶盛水,把纱条一端放入水中,另一端放入巢门内即可。

3. 喂花粉

如巢内缺粉,即用备用花粉供应。若无备用花粉,可用黄豆粉、奶粉等与蜜混合,调成膏状,放在巢框梁上,或购买蜜蜂配合饲料,按说明使用。如果有刺五加,可煎成汁后加入少许白糖或蜜喂蜂,对早春繁殖最为有益。

在准备喂花粉的前一天晚上,用稀糖水将花粉拌湿(让糖水渗入花粉粒)。次日,再加适量糖水,把花粉揉成面团模样,以见不到花粉团的颗粒为好,即可成团放置于框梁上喂蜂。饲喂量掌握在蜜蜂能在3日内食完。如果没有花粉,幼虫就不能正常生长,出现拖子,工蜂的寿命会缩短,造成"春衰"。

五、奖励饲喂

扩大产卵圈春季蜜粉源不足时,应勤加奖励饲喂,刺激产卵。如早春杨树、柳树初花期,温度较低,虽有花粉,但少花蜜,奖励饲喂很有必要,可以在所加巢脾上喷灌一些糖浆,在傍晚时加入刺激产卵。如果蜂王良好,工蜂数量充沛,且气候良好,就要及时扩大产卵圈。可将子脾框前后对调,也可将小的子脾框调入中央,待子脾展满全框后,陆续将空巢脾依次加在产卵圈外侧与边脾之间。注意在早春添加繁殖用脾时最好用暗色巢脾,这样蜂王容易接受产卵,也有利于保温。

六、及时调脾加脾，扩大卵圈

蜂王的产卵圈若偏于巢脾一端，而工蜂足够展布，气候又好，宜选其中一框前后对调，使卵圈迅速展及全框。若子脾三框，两大一小，可将小的调入中央。待子脾展满全框后，应陆续将育过虫的浅褐色空巢脾依次加在卵圈外侧与边脾之间。如卵圈受封盖蜜包围，每次检查蜂群时，则应配合切除蜜盖，并在蜜房上以温水作为奖饲，以扩大卵圈。若群势已转强，气候转暖，空脾可加在蜂巢中央，提供产卵。

如果有充足的工蜂就可以加脾，蜜粉源没有到来之前不要往中间加，靠在一边。如果蜂数不足千万不要加脾，等到子脾出房蜂数足后再加脾。幼虫过多会造成工蜂寿命缩短，见子不见蜂，造成"早衰"。每加 1 张脾都是粉脾，直至粉源大量进巢，可以加少粉脾或空脾，不能让工蜂过于劳累。蜜粉源来临，巢内饲料充足，子脾大量出房，就要抓紧时间加脾，以扩大蜂群，3~5 天加 1 张脾，根据蜂数、子脾哺育而定。蜜粉源开花晚，可以加至 6~7 张，可以蜂脾相称，双王群可以分群或上继箱，也可以补给弱群。在此期间，调整蜂场是关键，将强群补弱群，将蜂群调成最佳群势，共同发展，补充蜂群。

七、春季蜂群管理应及时以弱助强，以强补弱

早春气温低，弱群因保温及哺育力差，产卵圈不能扩大，严重影响繁殖。为扭转这种不利局面，宜将弱群的卵虫脾抽助强群，换入空脾让蜂王继续产卵，以发挥弱群蜂王的产卵力和充分利用强群

的保温、哺育能力。待强群新蜂陆续出房，再将强群中带幼蜂的临出房封盖子脾补给弱群，使之转弱为强。

八、抓紧时间造脾

能造出新脾就能更换老脾，新蜂就能体大而健康。且新脾雄蜂少，能省去工蜂对雄蜂幼虫的哺育，延长工蜂寿命。

九、早育王、早分蜂

是加快发展蜂群的一个重要措施。家庭养蜂，不须进行人工育王，只在自然王台中，将大幼虫挑出，移入最小的幼虫，或者将自然王台的台口剪去一小段。当王台封盖后，选择粗壮而又大点再箍好台，带 1~2 脾蜂，分开放入小箱中，作为交尾群。或当蜂群发展至 7~8 框时，蜂群开始产生分蜂情绪，出现雄蜂时和自然王台就可采取人工育王，组织新分群或换王工作。中蜂必须做到年年更换新王。

第二节 流蜜期的管理

流蜜期的蜂群管理好坏直接影响到蜂群和王浆的产量和质量，所以此期是蜂群管理的关键时期，一定要抓好以下几项工作。

一、流蜜期前的准备工作

大蜜源植物流蜜季节到来之前，必须做好一切准备工作，因为几种主要蜜源植物，如油菜、沙棘、牛奶子、榛子、洋槐，狼牙刺、酸枣、枣、漆树、椴树、荆条等，多在5—6月份进入流蜜季节，所以要提前做以下准备：

1. 培育适龄蜂群

确定适龄蜂群出现的高峰季节，使其与流蜜季节正好吻合，这样才能获得高产。蜜蜂中采蜜者主要是工蜂，工蜂从卵的孵化到成蜂出房一般要经历21天时间，并且只有满18日龄的工蜂才能参加巢外采集工作。因此，从流蜜期前的一个半月开始，到流蜜期结束前的一个月内要抓紧做好适龄蜂群的培育工作。

2. 修造巢脾

在主要采蜜期前，必须利用辅助蜜源为每群蜂造好10~15个巢脾，以供其繁殖、贮蜜之用。

3. 组织好生产群

在流蜜季节到来的前半个月要对生产群进行一次全面检查，这时的生产群应拥有8框蜂，5~6框子脾。如果有这样的群势，到流蜜期时可发展到10框以上，可成为一个强大的生产群。如果达不到这个要求，可采取"以弱补强"的办法加以调整。

为了解决采蜜和繁殖的矛盾，在组织采蜜群时应掌握"强群取蜜，弱繁殖""新王群取蜜，老王群繁殖""单王群采蜜，双王群繁殖"和因时因地制宜的原则。采蜜群在采蜜期前抽出部分子脾，在采蜜期中补充封盖子脾，以延续群势等调整蜂巢的办法也是常用的。采蜜期结束后要及时调整蜂群，抓好恢复和增殖工作。中蜂群势过强，易起分蜂，虽群势小也能采蜜，但产量很低，因此一般用5~6框足蜂，8~10张脾的强群采蜜。

（1）在采蜜期前1~2天，把邻近1~2群的蜂王提出，另组成双王同箱蜂群作为繁殖群，其原箱（提出蜂王的）成为无王群，可利用间接合并方法组成8框以上的采集群。

（2）以2~3群为一组，在采蜜时抽走1~2群，让工作蜂进入一群达到8框以上的采蜜群。

（3）在流蜜期前一星期，采集补蜂的方法，组成采蜜群。空地饲养的蜂群，一般不靠在一起，提蜂在隔离板外或空箱、继箱中，待工蜂飞回原群以后，提幼龄蜂和快出房或正在出房的子脾，补在新蜂王或产卵力强的中等群中，采取间接合并方法组织成采蜜群。

以上3种方法，以采用第三种方法比较安全。幼龄蜂合并，损失比较小或无损失。

二、调整蜂巢

采蜜期前的4~5天，要对8框以上群势的蜂巢进行调整，以利产蜜和蜂群的繁殖。对于花期较短的（如洋槐花15天左右），要限制蜂王产卵，可把蜂王全部未封盖子脾留在巢箱内，两侧放1~2个巢础框和1~2个蜜脾。对于花期长的（如荆条、酸枣）或者有第二个大流蜜源时，要做到采蜜与繁殖不误。

三、强大蜂群

强群是高产的基础，要饲养和保持强群，就要控制分蜂热。控制的办法首先是要选择那些不爱分蜂和其他性能较好的蜂群养王，同时要及时换王，避免出现王老群强的现象。其次在管理上要提高蜂王产卵力及时扩大蜂巢，繁殖期要进行强弱互补，以保持中等群势。

四、合理取蜜

取蜜要看天气、蜜源和蜂群的进蜜情况，灵活掌握。要取成熟蜜，并保持蜂群安全，防止伤蜂、损失蜂王、盗蜂等。取蜜必须掌握初期早、中期勤、后期稳的原则。所谓"初期早"，即早清脾，便于获得同一蜜源的蜂蜜，同时可以刺激蜂群的采蜜积极性。"中期勤"的目的在于保质保量，利于蜂群工作，减少分蜂热。一般中期5~7天可取蜜一次。"后期稳"的目的在于保证为蜂群留下足够的饲料，以免天气骤变或第二个蜜源跟不上，而造成蜂群的饲料缺乏。

1. 取蜜时间

一般蜜蜂把蜜房封盖，巢脾开始显白时，说明蜂蜜成熟。这时可以在晴天的上午取蜜，芒种前就可以进入取蜜期。以后气候好，每隔5~7天可取蜜1次。

2. 取蜜原则

宜早取、勤取、多取蜜，最后以多留及留足为原则。中蜂不同，中蜂取，比较容易失蜂王。根据这一特性，取蜜时应注意查看蜂王，有蜂王的巢脾不取蜜。每次取蜜时要留1~2脾，不能采取一扫光的办法。先取封盖蜜、压子蜜，强群多取、弱群少取，保证蜂群繁殖的需要。万一发现失蜂王，必须用后备蜂王补充，以保持蜂群正常的采集和繁殖。

3. 结合取蜜，调整巢脾，及时多造新脾

在取时要根据蜂群强弱、蛹脾和幼虫脾、蜂王产卵力等情况合理调整巢脾，保持蜂群的采集力平均发展。但有病的蜂群就不能调动巢脾，以防止病的传染。例如，强群的蜂王产卵力强，就可以调

整脾到弱群中去；弱群的幼虫脾、卵脾调到强群。对喜欢产新脾的蜂群，可调入新巢脾。要抓住有利时机，多造新巢脾，以利蜂群越夏。要做到采蜜、繁殖两不误，并有利于今后蜂群的发展。

4. 加强通风

流蜜期应加强蜂巢的空气流通，加速蜂蜜中水分蒸发，以减轻蜜蜂的酿蜜工作。可以将巢门全部打开，箱盖和箱身通气，窗门也要打开，扩大蜂路，巢箱中可留1~2张巢脾的空位，以利通风。

5. 流蜜后期要保持充足的饲料

在收取蜂蜜时，若蜜蜂出现情绪暴躁，围绕着摇蜜机转，甚至不顾一切地冲到摇蜜机的蜂蜜里面去的现象，预示着外界蜜源植物开花即将结束。因此，在取蜜时每群蜜蜂都应保持一些巢脾不收，给蜂群留下饲料。这时，还注意缩小巢门，防止盗蜂。抽出多余巢脾，做到蜂脾相称。收完蜜后对全场蜂群进行全面检查，对失王群或蜂王伤残的蜂群，要及时采取补救措施，合并或介绍入新蜂王或王台。要注意做好病敌害的防治工作。

6. 其他管理工作

流蜜期每隔5~7天要对巢箱全面检查一次，发现王台和台基应即毁弃，不能疏忽遗漏。应结合取蜜削弃雄蜂巢房。发现盗蜂、分蜂热、病敌害、中毒等突发事情，要及早处理，避免蔓延扩大，造成损失。

五、巢蜜生产

巢蜜是可直接食用的带蜂巢的成熟蜂蜜，它集原生态蜂蜜和天然蜂巢为一体，既有蜂蜜的保健功能，又具大自然杰作的观赏性。

生产巢蜜,通俗地讲就是人为诱导蜜蜂在特定大小与形状的容器内筑造蜂巢、酿造蜂蜜。生产巢蜜不仅要有一定的蜜源条件和专门的设备,而且需掌握规范的生产技术。

1. 生产条件

(1)蜂群要求健康强壮,群势一般需 10 框以上。

(2)蜜源要求花期长,流蜜期应在 20 天以上。

在黄陵,有多种植物持续开花泌蜜,如刺槐、荆条、漆树等,且花期较长,气候干燥,生产一批巢蜜在 15 天左右,产量也较大。

2. 生产设备

生产巢蜜需配备一套理想的巢蜜格承架。

3. 生产工序

(1)上础:在选定的巢蜜格正中央,装上纯蜂蜡制作的巢础。

(2)装架:装好巢础的巢蜜格,首先装入不带面板的巢蜜格承架内。

(3)预造:将承架插入蜂群,让蜜蜂进行预造。

(4)换架:3~5 天后,待巢蜜格内的巢房修造至 70%~80%后,取出口袋扫描。

巢蜜格:装入带面板的巢蜜格承架。

封盖:将带面板的巢蜜承架插入蜂群,让蜜蜂进行最后酿蜜、泌蜡,把巢房平整地封存起来。

装盒:待巢蜜完全封盖后,提出承架,拆开,取出巢蜜格子,装入巢蜜盒。

4. 注意事项

(1)巢蜜格材料要选用无毒的塑料。

（2）在巢蜜生产期，不得使用任何药物，以免污染巢蜜产品。

（3）在生产中，要不时地对巢蜜格进行检查，发现巢房修造不均匀的或不整齐的，应及时旋转换位，以保证产品的美观度。

第三节　夏季管理

一、选择良好的蜂王，及时更换老、劣蜂王

夏季蜜源植物丰富，是培育蜂王的好时机，应抓紧时间培育蜂王，及时更换老弱蜂王。在繁殖旺盛及大流蜜期前，繁殖蜂群的关键就在于蜂王产卵能力的强与弱。产卵力强的蜂王，是繁殖强群的基础。对于产卵差、老、劣蜂王，就及时提出来作小群后备或休息蜂王。对于没有必要保留的蜂王就杀掉，换入新的、产卵力强的蜂王。

二、保持群势打基础

夏季刺槐、狼牙刺、黄芪、胡枝子、酸枣、荆条等花期紧接相连，陆续盛开，蜂群往往因劳累过度，群势会有所下降，此时保持强群是夺取丰收的基础。因此，要保证每群不少于 8 框足蜂。

三、人工合并增群势

如果箱中群势较弱，达不到上述标准，应采取人工合并的方法来增强群势。即在选好主副群后，将副群蜂王连同 1 张正在出房的老子脾和幼子脾，再带 1 张有存蜜的脾，放置蜂场一角，等到傍晚

把剩余框连同蜂群放到 1 个继箱内，再往主群框上放 1 张事先扎上小孔的报纸，把继箱扣上，不出现门前厮打现象就不要开箱检查。第二天发现报纸被咬破并有互相串通时，即合并成功。

四、注意消除分蜂热

要经常对蜂巢进行检查，发现蜂王腹部缩小或停止产卵就是分蜂先兆，要及时采取措施消除分蜂，避免减弱群势影响采蜜。蜂场一旦发生分蜂，如果分蜂刚开始，蜂王尚未离开蜂巢，要及时关闭巢门，然后打开箱盖，从箱盖上往蜂巢内喷水。等蜜蜂安定后，再开箱检查，并用诱入器将蜂王扣在巢脾上，毁掉蜂群中的所有王台。然后在原群旁边放一空蜂箱，把扣着蜂王的巢脾放入空箱内，从原群提 1 个幼虫脾、张蜜粉脾、几张空脾，组成 1 个临时蜂群。蜂王恢复产卵 2~3 天后，再将其并入原群。合并前要将原群王台毁尽。如果蜂王已经飞出蜂巢，要等飞出蜂结团后，抓紧收捕。先准备 1 个空蜂箱，放一卵虫脾。根据蜂团大小，放入适量空脾。收捕蜂团，可采用巢脾引诱，将巢脾贴近蜂团，促使结团的蜜蜂陆续爬上巢脾。要注意检查蜂王是否上脾，只要收回蜂王，剩余的蜜蜂就会自动回巢。如正值大流蜜期，可毁掉原群所有王台，过 1~2 天，蜂王恢复产卵后，与原群合并。

五、防暑降温

也就是给蜂群创造适宜的越夏环境。经验证明，炎热的中午，在日光照射下，蜂箱表面的温度常比气温高出 10℃左右。因此，蜂箱不宜直接暴晒在日光下,更忌午后西向的日照。由于忽视遮阳工作,严重时会造成蜂巢、巢脾毁坠,卵虫干枯,幼虫及封盖蜂子伤热、死亡和新蜂卷翅等惨状。轻的也会迫使工蜂剧烈地扇风散热,由于饲料消耗过多,巢内储蜜常在短期内耗尽,蜜蜂寿命也有所缩短。干热时可把蜂箱放在泥草地上,避免烈日直射。蜂箱切勿放在水泥地面或朝西南墙脚边。给蜂箱遮阳和在箱盖上铺稻草、麦草,把蜂箱移放于树荫下,有条件的可搭凉棚。同时应注意蜂箱的通风,要打开箱盖窗或错开箱盖,扩大巢门等。当蜂场地面温度上升到 35℃ 以上时,可多喂水,必要时在 12 纱副盖上覆湿毛巾,以及在巢箱外部喷水,以降低箱内的温度。

六、防病虫害

夏季是蜜蜂病虫害高发期。敌害主要是巢虫、蚂蚁、胡蜂等昆虫及鸟类、鼠类、蟾蜍等。要注意蜂群的卫生,经常清扫蜂箱。为防止虫害、敌害侵入蜂箱,巢门一般仅放 1 厘米高,宽度每箱足蜂约为 1.5 厘米。要随时注意杀灭大胡蜂,并要注意清理蜂箱底,避免巢虫滋生危害。

七、注意防止盗蜂

除荞花外,8 月陕西的蜜源,一般是辅助性蜜源,粉多蜜少。这时还要补喂饲料,以防盗蜂发生。应做到蜜蜂工作时扩大巢门,蜜蜂收工或阴雨天缩小巢门,蜂箱加覆布,少检查蜂群等。盗蜂是传染病害、伤害蜂群、消耗饲料、影响蜂群繁殖和工作的祸根,一定要注意防止。

第四节 秋季管理

一、培养适龄越冬蜂

培养适龄越冬蜂是在秋繁一定群势基础上进行的。所谓适龄越冬蜂，是指没有参加过采集活动和进行过飞翔排泄的工蜂。蜂群中适龄越冬蜂多，则越冬安全，饲料消耗少，来春群势发展快；反之，则越冬困难，工蜂提前死亡，春季繁殖也缓慢。培育适龄越冬蜂，要在最后一个主要采蜜期的初期着手进行。可用新王替换产卵差的老王，在大流蜜期要采去子脾上的贮蜜，选用适合产卵的新脾等办法，尽量扩大产卵区。流蜜结束时，抽出多余的蜜脾，适当补给空脾，保持蜂脾相称，加强巢内保温和奖励饲养，促进蜂王产卵。但气温较低时要控制蜂王产卵，因气温低，后期出的工蜂没能进行飞翔排泄，对越冬不利。为了能保证越冬的群势，可以把 2~3 个弱群同箱饲养，越冬前选留一个蜂王合并蜂群，这样看起来是蜂群数少了，但能使越冬群势增强，来春发展快，人工分蜂早，也能更快地发展蜂群。

陕西地区培养适龄越冬蜂的时间，山区应放在 9 月 10—25 日，根据的气候可稍作提前或推后。这段时间因外界蜜源基本结束，在组好群势以后（7 框以上足蜂），隔天傍晚要用稀糖水奖励蜂群，刺激蜂王大量产卵繁殖。通过集中奖励繁育，最后可得 5 框以上适龄越冬足蜂，大群更多些，20 天后扣王停产。有野菊花的地区可推迟冬繁或进行第二次培育越冬蜂。

二、饲喂越冬饲料

扣王停产后，要抓紧时间饲喂越冬饲料，争取 3~5 天内把继箱和巢箱里的空脾、半蜜脾喂足封盖。喂时按 2 千克白糖加 1.8~2 千克水的比例，加热化开后再加 1 千克蜂蜜搅匀后，傍晚灌在饲喂器进行饲喂。不要把糖水滴在箱外，以防盗蜂。在平衡群势时，如果饲料不足，可进行补喂，一般在"寒露"前喂足。最后，每框不能少于 2 千克料。每群 4 框足蜂有 5 个蜜脾、5 框足蜂有 6 个蜜脾，这样才能保证蜂群安全越冬。每箱越冬峰至少需优质白糖 7.5 千克，贮蜜不足时，应从 9 月 25 日开始，每天每箱喂白糖 1 千克，糖水之比为 1∶0.5，连续喂 7 天。如边脾封盖蜜不足，还应饲喂，直到封满为止。

三、预防病害

蜂病是蜂群安全越冬的大敌，在越冬前，应用中草药对蜂群做一次中囊病的预防。其他细菌病用抗生素进行彻底治疗，使得病群得以根治，确保越冬蜂群健康正常。

四、防止盗蜂

秋季，特别是深秋，蜜源缺乏，比较容易发生盗蜂。因此，养蜂人员要做好预防工作。另外，遇到低温要注意巢内保温，适当缩小巢门，保持蜂数适当密集。

五、"囚王断子"

应果断实行"囚王断子",即用半阻隔囚王笼将蜂王囚禁起来,挂在蜂巢中部两张巢脾的偏上位置。通常在关王后第五至七天,应查毁一次可能出现的改造王台。约半个月后,蜂群生活转入断子期。

蜂群断子冬蛰后,一般不开箱检查蜂群,不震动蜂箱,不搬运蜂群,也不施用可能刺激惊扰蜜蜂的其他措施,让蜂群在自律状态下安静越冬,此又称为"封箱"。在低温期较长和冬季严寒地区,已转入稳定冬蛰的蜂群,可以适当减轻冻蜂力度,给蜂群施用一些适度的防寒措施。例如,减小底通气窗开度或将其关闭,在大盖上搭盖些避寒物等。

"囚王断子"的蜂群,需适时查看,以便在必要时调整王笼位置,使蜂王始终处于越冬蜂团的中部或近中部位置。

六、调整平衡群势

在饲喂越冬饲料以后,天气逐渐变冷,蜜蜂慢慢转入越冬期。为使全场蜂群安全越冬,要将大群内的一部分蜜蜂调给小群,保证越冬蜂群有5框以上足蜂,2框以下的要合并。在调整平衡群势的同时要对蜜脾进行调整,保证越冬期蜂群饲料充足。调整平衡办法为:在下午蜜蜂活动收工以后,从各大群(10框以上群)抽1~2脾蜂,提脾时要查好不要带蜂王,把抽调出来的蜂脾放到一个事先准备好的空巢箱里,该巢箱装9~10框蜂后,盖上复布、纱盖、大盖,搬到室内阴暗处放两昼夜(注意通风),再在傍晚时搬出,直接增补各应补的蜂群里,阴雨天更好。这样调整补蜂,一般工蜂不再飞回原巢，也不易形成慢盗。最后全场蜂群基本达到平衡，能安全越冬。

七、贮藏巢脾

秋季从蜂群中抽出的巢脾，要用起刮刀刮净巢脾上的蜂胶和蜡屑，用快刀削平突起的房壁，再用5%的新洁尔灭水溶液喷雾消毒，待药液风干后存放，妥善保管。贮藏巢脾一般用继箱，每箱放8个，根据巢脾质量好坏，将蜜脾、半蜜脾、粉脾、空脾、半成脾等分别存放，贮藏前用硫黄或二硫化碳熏蒸2~3次。用硫黄熏蒸的，每10个巢脾用充分燃烧的硫黄3~5克，每次熏4小时，有条件的可建结构密闭、便于熏蒸和防鼠的贮藏室，室内设放巢脾的架子，能有紫外线消毒设备则更好。

第五节 冬季管理

中蜂的越冬期按时间划分，陕西一般在11月、12月、1月、2月，山区推后延一个月，即10月初至2月底。此时期日平均气温已在10℃以下，中蜂经历育子量逐渐减少至停止抚育、断子冬蛰和冬末春初的恢复抚育。因此在管理上既要满足蜜蜂的"冬眠"需要，又要有利于"春繁"。

中蜂安全越冬的前提条件是：贮蜜足，群势强，箱内留有自由空间。弱群在此前就应合并。蜂箱摆放要求整体避风，而不仅仅是巢门避风。蜂箱所在地应干燥，地势平缓，背有所靠。

一、越冬群蜂箱内外布置

1. 越冬蜂巢的布置

越冬蜂巢总的要求是蜂数适当密集，便于结团，放置的蜜脾要求整齐、浅褐色（使用1年以上，哺育过几次子的巢脾）。

（1）单王蜂越冬。一般中间放2~3张重量较轻的小蜜脾，两侧各放1~2张大蜜脾。在寒冷地区可用缩减蜂巢、放宽蜂路的布置法，巢内全部放大蜜脾，蜂路放大到15毫米，使蜜蜂充满在蜂路上直到下面边框为止。

（2）双王群越冬。蜂箱中间放隔板，把较轻的两张蜜脾各放在隔板的两侧，隔板与蜜脾间蜂路或空间较大、较重的蜜脾放在外侧，这种布置可使两个小蜂团结在隔板两边，形成一个大蜂团，有利于冬季保温和春季蜂王产卵。

2. 冻蜂

蜂群越冬场地应选择在安静、背阴或半背阴的背风处。初冬白天光照强时应设法给蜂箱遮阴，以免蜜蜂外出空飞造成损失。"立冬"以后，可以把蜂箱垛在背阴处，4~5层为宜（指巢箱），闭巢门，全遮阴。一周后趁晴天中午再把蜂箱摆开让蜜蜂飞翔排泄，晚收回垛起。两周后重复一次。同时，可以放王，冬至以后的天气逐渐变冷，可在垛起来的蜂箱两头砌遮阴背风墙，墙要宽出蜂箱一半（1.5米左右）、高出上层蜂箱50厘米，然后用篷布全部包住或转明棚下用篷布全部包住越冬。

3. 巢内保温

冬季蜂巢内视地区和群势进行适当的保温，巢内保温一般是在蜜脾外放保温隔板，外侧放保温框或草、棉等保温物，纱盖上面盖几张保温吸湿良好的纸或盖布，再在上面用草蒲和棉垫等保温物盖好箱盖，蜂箱的纱窗、缝隙等要糊严。

4. 室外越冬的保温外包装

室外越冬的蜂群，在地面结冰以后，气温在2℃~3℃时要进行保温外包装。室外越冬场地，应选择背风向阳、比较干燥的地方，包装一般用草帘把蜂箱的左右和后面围住，箱底垫草，箱间、箱盖上面和蜂箱后面视温度再加草或草垫，冬季气温不低于-15℃的地区，蜂箱前面不需包装，气温低于-15℃的地区，蜂箱的前面只留巢门通气外也要用草帘等包装，严冬再用培雪、培土等方法加强保温。室外越冬管理得好，蜂群基本上不受闷伤热，不患痢病，耗料少，死亡率低，蜂群春季增殖快。目前严寒地区也多采用室外越冬。

5. 室内越冬

室外开始结冻后，把蜂箱放在室内离地面40厘米以上的放蜂架上，一般放3层蜂，强群在下，弱群在上。要求室温保持在-4℃~4℃之间，相对湿度保持在75%~85%，并保持室内黑暗和安静。

二、越冬蜂群的管理

冬季一般不开箱检查蜂群，可采取箱外观察和插管听查。箱外观察主要看箱门口有无蜂尸和蜂便，以此来判断箱内蜂群情况。如果有碎蜂尸说明有鼠害，可开箱处理。还可用筷子粗细的橡胶管或塑料管，一头插进巢门，一头放在耳朵里进行听查。听到均匀的嗡嗡声，表示蜂群正常；听到强烈的呼呼声，可能是通风不好，箱内温度高，可折起复布一角通风降温；听到嘶叫不安的声音，说明有鼠害或失王；听到微弱无力不匀的振翅声，说明群势过弱或严重缺糖，应迅速进行处理。

越冬期间（从 11 月中到翌年 2 月底共 4 个月时间），只要按照蜜蜂生物学特点，精心对蜂群进行管理，一般蜂群都能安全越冬，为第二年春繁和全年生产打下坚实的基础。

越冬蜂群既要注意保温，又要注意空气流通，防止蜂群受闷，一般来说宁冷不热。巢门除继箱越冬群外，要适当大些，或长一点、低一点。在没有蜂团的一侧，把后箱角纱盖上的覆布或纸折起一角以便通气。越冬蜂巢整理好后，要尽量保持蜂群安静，不要轻易开箱检查。晴天要给蜂群遮阴，可用木板条、棉絮等物轻轻地挡在巢门外，防止蜜蜂受阳光刺激飞出巢冻死。冬季每十来天，养蜂人员要用铁丝钩把箱底死蜂掏出，防止堵住巢门，逐群进行箱外观察，听蜂团的声音，看巢门内外是否有水检查死蜂是否腹部胀大、潮湿，以判断蜂群是否受冻、受闷，是否消化不良等。

三、冬季蜂群要十防

1. 防寒

蜜蜂处在 -2℃ 以下的气温中，活动量也会增大。主要是不停地摆腹，既要消耗大量饲料，又会造成工蜂老化，缩短寿命。这时要填补箱缝和孔洞，夜晚箱上要盖草帘子并把巢门关小，白天要多晒太阳。

2. 防热

蜜蜂越冬的适宜温度是 2℃~4℃。它们在蜂箱内结团，靠食蜂蜜维持生活。越冬期气温在 8℃ 以上时，蜜蜂活动量增大，饲料消耗多，工蜂老化快，影响春繁。因此，当温度高于 8℃时，可采用通风、洒水等方法降温。

3. 防干燥

在长期无雪、无雨的干燥冬季里，可在蜂场内适当喷水增加湿度，缓解蜜蜂燥渴。

4. 防潮湿

冬季蜂箱内最佳湿度为 70%～80%。湿度超过 80%，饲料吸湿变稀，易变质，蜜蜂食后易患大肚病和下痢。当湿度较大时，蜂箱下应放一层塑料薄膜，或在蜂箱周围撒生石灰、干炉渣。在 10℃以上的晴朗天气，可有计划地让蜜蜂出巢排泄、爽飞。

5. 防闷

蜜蜂在箱内时刻离不开新鲜空气，要防止死蜂、杂物堵塞巢门，闷死蜂群。大雪天，更要防止飞雪将巢门封闭。

6. 防鼠害

蜂箱要定期消毒，保持清洁。冬季老鼠会啃箱、吃蜂、毁巢，在蜂场发现有老鼠活动，要及时捕杀。

7. 防震动

蜜蜂喜欢安静，怕震动，尤其在越冬后期，蜜蜂体质很弱，腹内积粪难以忍受，若受震动，会造成死亡。因此，在蜂场内严禁滚动重物、碰撞蜂箱、敲击器械和放鞭炮。

8. 防饥饿

整个越冬期的饲料是否质优、量足，是蜜蜂越冬的关键。优质饲料，蜜蜂食后大部分消化吸收，蜂群安静稳定，寿命长，春繁迅速，不春衰。优质饲料应在秋末提取封盖蜜脾备用。

9. 防饲料结晶

酿造不充分的糖液和部分蜂蜜易结晶，饲料结晶就无法食用。防结晶的方法：一是用优质蜜作饲料，如槐花蜜、枣花蜜等；二是用白糖液作饲料，应在入冬前喂足。

10. 防光照

蜜蜂具有趋光性，在冬季，蜂场要适宜遮盖光，尽量减少蜜蜂空飞。

四、严格消毒

冬季大量的蜂箱、蜂机具闲置，此时应抓紧时间做好蜂箱、蜂机具的消毒工作。对蜂箱、巢础可用石灰水浸泡，也可用福尔马林熏蒸。对被病虫害污染的场地、用具，更应严格消毒。

（此篇由杨凌老年科技工作者协会黎九洲撰写）

图书在版编目(CIP)数据

特色农业管理技术手册 / 陈伟星主编. --西安 : 西北大学出版社,2019.9
ISBN 978-7-5604-4436-9

Ⅰ.①特… Ⅱ.① 陈… Ⅲ.①特色农业—农业管理—中国—技术手册 Ⅳ.①F323-62

中国版本图书馆 CIP 数据核字(2019)第 219130 号

脱贫攻坚乡村振兴系列读本

特色农业管理技术手册

主编 陈伟星

西北大学出版社出版发行

(西北大学校内　邮编:710069　电话:029-88302621　88303404)
http://nwupress.nwu.edu.cn　　E-mail:xdpress@nwu.edu.cn

新华书店经销　西安奇良海德印刷有限公司印刷
开本:787 毫米×1092 毫米　1/16　印张:10.5

2019 年 9 月第 1 版　2019 年 9 月第 1 次印刷
字数:121 千字

ISBN 978-7-5604-4436-9　定价:45.00 元

如有印装质量问题,请与本社联系调换,电话 029-88302966。